Libro interactivo del es

miVisión

LECTURA

1

SAVVAS
LEARNING COMPANY

Savvas Learning Company LLC, 15 East Midland Avenue, Paramus, NJ 07652

Cover: 854140/Shutterstock; 123RF; Jps/Shutterstock; Elena Shchipkova/123RF; Chones/Shutterstock; Eric Isselee/Shutterstock; RTimages/Shutterstock; 123RF; Kamenetskiy Konstantin/Shutterstock; Coprid/Shutterstock; Dencg/Shutterstock; Eric Isselee/Shutterstock; Vitalii Tiahunov/123RF; StevenRussellSmithPhotos/Shutterstock; Alena Brozova/Shutterstock; Avelkrieg/123RF; Magnia/Shutterstock

SAVVAS
LEARNING COMPANY

ISBN-13: 978-0-134-90800-7
ISBN-10: 0-134-90800-7

Printed in Mexico 8 23

María G. Arreguín-Anderson, Ed.D.

Richard Gómez Jr., Ph.D.

UNIDAD 3

CONTENIDO

Imagínalo

UNIDAD 3

Imagínalo

Pregunta esencial

¿De qué maneras podemos usar la imaginación?

Mira

“Preparados, listos... ¡Imagina!”. Fíjate en cómo usan su imaginación las personas para crear cosas.

INTERCAMBIAR *ideas*

¿Cómo usas tu imaginación? Coméntalo con un compañero.

SAVVAS realize™

Puedes hallar todas las lecciones EN LíNEA.

- VIDEO
- AUDIO
- JUEGO
- ANOTAR
- LIBRO
- INVESTIGACIÓN

Enfoque en los cuentos tradicionales

Taller de lectura

Puente entre lectura y escritura

Taller de escritura

Proyecto de indagación

Leer juntos

Lectura independiente

Cuando lees de manera independiente, lees libros por tu cuenta. Selecciona, o escoge, tu propio libro hojeando el libro y leyendo algunas de las páginas. ¿Son demasiado fáciles? ¿Son demasiado difíciles? ¿O son perfectas?

Cada vez que lees un libro, intenta leer durante períodos más largos de tiempo. Si ayer leíste durante diez minutos, ¡lee durante quince minutos hoy!

Estrategias para corregir

Pon en práctica una de estas ideas si no le encuentras sentido a algo que lees:

- vuelve a leer la palabra o la sección.
- haz preguntas.
- mira las imágenes.
- usa lo que ya sabes.

Mi registro de lectura

Fecha	Libro	Páginas leídas	Minutos leídos	Cuánto me gusta

Si lo deseas, puedes usar un Cuaderno del lector para tomar notas y responder a tu lectura.

Leer juntos

Metas de la unidad

En esta unidad,

- leerás cuentos tradicionales.
- escribirás poesía.
- aprenderás a usar tu imaginación.

MI TURNO **Colorea** los dibujos para responder.

Puedo leer cuentos tradicionales.		
Puedo formar y usar palabras para leer y escribir acerca de la imaginación.		
Puedo escribir poesía.		
Entiendo cómo podemos usar nuestra imaginación.		

Leer juntos

Vocabulario académico

crear	posible	suponer	imaginar

En esta unidad vas a aprender a usar tu imaginación. **Supón** que quieres **crear** algo nuevo. Tómate un momento para **imaginar** qué es **posible**.

INTERCAMBIAR *ideas* Comenta con un compañero qué puedes crear usando los materiales que aparecen en la fotografía. ¿Cuáles de tus ideas son posibles?

Leer juntos

www.url.aquí

Planificar tu visita al zoológico

Alimentar a los animales de la granja

Toma algunos alimentos para tus amigos favoritos de la granja en el Zoológico interactivo. El alimento cuesta 25 centavos.

SEMANA 1

Pregunta de la semana

¿Por qué es importante planificar con anticipación?

Los búhos de cerca Tómate una foto con estas hermosas aves nocturnas. Te pondrás guantes de seguridad. Conoce a estos amigos con plumas a las 2:00 y a las 4:00 en La casa de los búhos.

¿Qué sonido hace un búho?
¡Haz clic aquí para averiguarlo!

Las maravillosas mariposas
Añade un toque de color a tu día en La casa de las mariposas. Vístete con ropas floreadas y coloridas para atraer a estas bellezas. ¡Pero no las toques! Estos animalitos amistosos son frágiles.

Mi TURNO Encierra en un círculo los elementos de este sitio web, o texto digital.

Leer juntos

Las sílabas con z

VER y DECIR Nombra cada imagen. Cuando separas, o divides, una palabra en sílabas, dices cada sílaba por separado. Separa cada palabra en sílabas. Escucha los sonidos.

La consonante z

Algunas palabras tienen sílabas que comienzan con el sonido que escuchas al comienzo de **zumo.** Esas palabras a veces se escriben con la letra **z.**

Mi TURNO Lee estas palabras de dos sílabas.

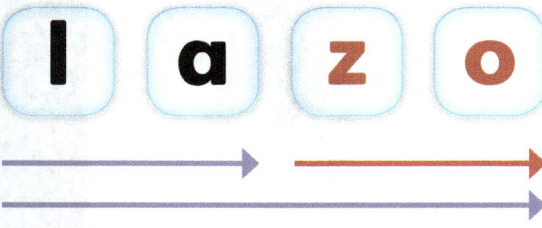

l a z o

a z u l

La consonante z

INTERCAMBIAR *ideas* Lee estas palabras con un compañero.

pinza	**pozo**	**zorro**
zumo	**zancos**	**choza**

Mi TURNO Agrega la sílaba que comienza con **z** para formar las palabras. Dibuja una línea entre cada palabra y su imagen.

taza

calaba

pato

Leer juntos

La consonante z

Mi TURNO Lee las oraciones. Subraya las palabras que tienen sílabas con **z**.

Zulema quiere una sopa de calabaza.

Le pone una taza de agua.

También le pone una pizca de sal.

¡Está lista la sopa de calabaza!

Mira las palabras **taza** y **pizca**. La consonante **z** tiene el mismo sonido cuando está al comienzo o al final de la sílaba.

Mi TURNO ¿Qué pasa después? Escribe una oración sobre Zulema.

Zulema

Las palabras que riman

VER y DECIR Nombra las imágenes. Escucha los sonidos medios y finales. ¿Cuáles son las dos imágenes que terminan con el mismo sonido de vocal? Di una palabra que rime con los nombres de esas dos imágenes.

Algunas palabras tienen sílabas que comienzan con el sonido que escuchas en el medio de la palabra **aro.** Ese sonido se escribe con la letra **r.**

La consonante r entre vocales

Mi TURNO Lee estas palabras. Escucha el sonido de la **r** entre vocales.

p a r a   c a r o

Leer juntos

Mis palabras

Hay palabras que debes recordar y practicar.

Mi TURNO Lee las palabras.

Caligrafía Siempre escribe las respuestas claramente. Deja espacios entre las palabras.

gran	**había**	**quería**	**decían**	**maestro**

Mi TURNO Completa las oraciones. Escribe las respuestas claramente y deja espacios entre las palabras.

1. Había una vez un sapo que ________ salir de un pozo.

2. Era un ________ pozo. El sapo estaba asustado.

3. —¡Salta, sapito! —le ________ las ranas.

4. Vino el ________ sapo y le enseñó a salir del pozo.

La consonante r entre vocales

INTERCAMBIAR *ideas* Lee estas palabras con un compañero.

toro	**periquito**	**arena**
loro	**esfera**	**araña**

Mi TURNO Escribe la sílaba con **r** para completar cada palabra.

1. El panade______ vende pan.

2. Mi mamá es ca______ñosa.

3. Tomo mi sopa con una cucha______.

INTERCAMBIAR *ideas* Ahora lee las oraciones con un compañero.

Leer juntos

La consonante r entre vocales

Mi TURNO Agrega la sílaba con **r** para formar las palabras. Dibuja una línea entre cada palabra y su imagen.

p	e	ra
l	o	
m	o	

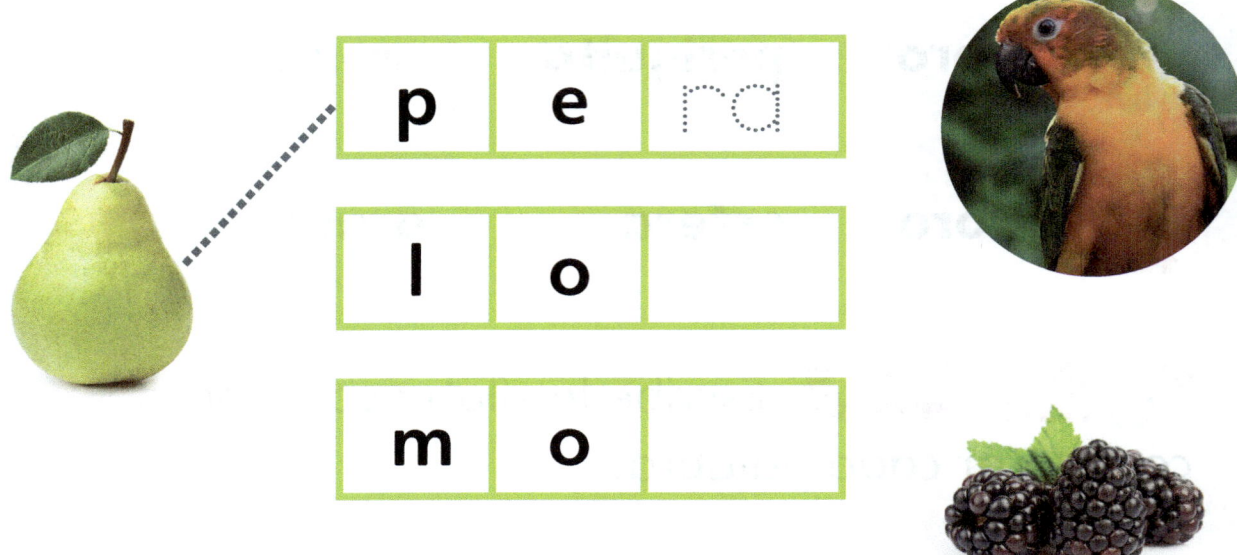

Mi TURNO Escribe una oración. Usa una palabra con **r.**

El jefe y el maestro

Había un león feroz. Le decían "jefe".

Había un ratón capaz. Le decían "maestro".

Un día, el león quería merendar.

¡Zas! Agarró al ratón.

AUDIO

Para escuchar y resaltar

ANOTAR

Resalta las palabras que contienen la consonante **z**.

—¡Déjame ir, gran jefe! —oró el ratón—. ¡Un día te serviré!

El león, dudoso, lo dejó ir.

Subraya las palabras que contienen la consonante **r** suave entre vocales.

Un día, el león pisó la red de un cazador. ¡Zas!

—¡Yo te saco! —dijo el ratón.

—¡Me serviste bien, maestro! —dijo el león.

Resalta las palabras que contienen la consonante **z**.

Leer juntos

Mi meta de aprendizaje Puedo leer cuentos tradicionales.

ENFOQUE EN EL GÉNERO

Fábula

La fábula es un tipo de cuento tradicional. Es un cuento corto que enseña una moraleja, o lección.

La liebre y la tortuga

La liebre y la tortuga corren una carrera. La liebre es rápida y la tortuga es lenta. Durante la carrera, la liebre se duerme. La tortuga la pasa y gana. [Con constancia se gana la carrera.]

Problema: La liebre es rápida y la tortuga es lenta.

Solución: La tortuga la pasa y gana.

Moraleja: Con constancia se gana la carrera.

INTERCAMBIAR *ideas* Comenta la moraleja de la fábula con un compañero.

Cartel de referencia: Fábula

Una fábula tiene

- personajes que suelen ser animales
- una moraleja, o lección
- los sucesos del argumento:
  - un problema
  - una solución o resultado

Leer juntos

La hormiga y el saltamontes

Primer vistazo al vocabulario

Vas a leer estas palabras en *La hormiga y el saltamontes.*

rogaba	**juntaba**	**preparaba**	**almacenaba**

Leer

Lee por placer.

Mira los elementos del texto, como el título y las imágenes. Podemos usarlos para hacer una predicción, o suposición, sobre el cuento. Basándote en los elementos del texto, ¿qué puedes predecir?

Hazte preguntas sobre la solución, o resultado.

Comenta la moraleja con un compañero.

Conoce a la ilustradora

Sara Rojo nació en España. Ilustra libros para niños escritos en inglés y en español.

Leer juntos

Género Fábula

La hormiga y el saltamontes

una adaptación de la fábula de Esopo

escrito por Mark White

ilustrado por Sara Rojo

AUDIO
Para escuchar y resaltar

ANOTAR

Una hormiga vivía al lado de un saltamontes en un gran campo.

La hormiga se levantaba temprano todas las mañanas de verano.

Trabajaba duro.

Durante todo el día, la hormiga juntaba comida.

La almacenaba en su casa.

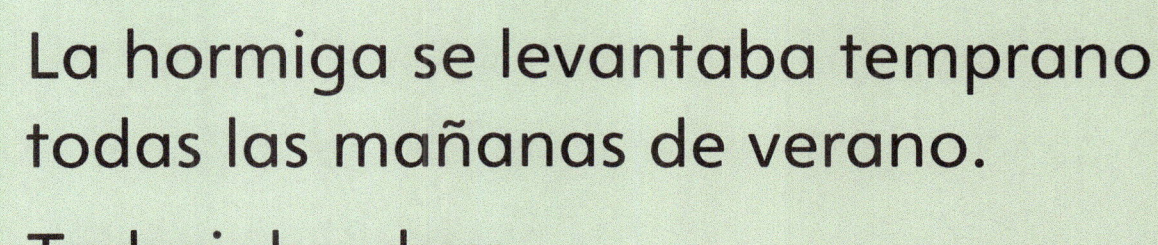

El saltamontes se levantaba cantando todas las mañanas de verano.

Tenía una linda voz. Adoraba la música.

Durante todo el día, cantaba y bailaba.

—Ven a cantar conmigo —decía el saltamontes cada vez que veía a la hormiga.

La respuesta de la hormiga era siempre la misma:

—No puedo parar ahora —decía.

—¿Ni siquiera para cantar una canción? —rogaba el saltamontes—. ¡Es un día precioso!

Pero la hormiga seguía trabajando.

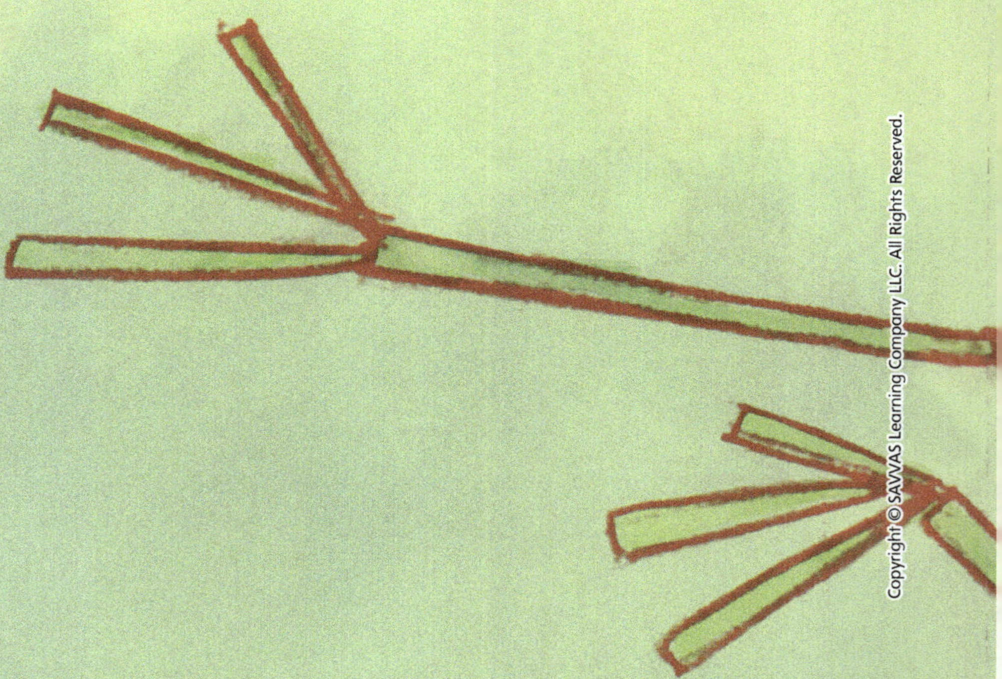

LECTURA ATENTA

¿Qué predices que sucederá en este cuento? Resalta los detalles que te hacen pensar así.

En los días lluviosos, el saltamontes se quedaba en casa. Componía canciones.

En los días lluviosos, la hormiga trabajaba en casa.

Preparaba y almacenaba su comida para el invierno.

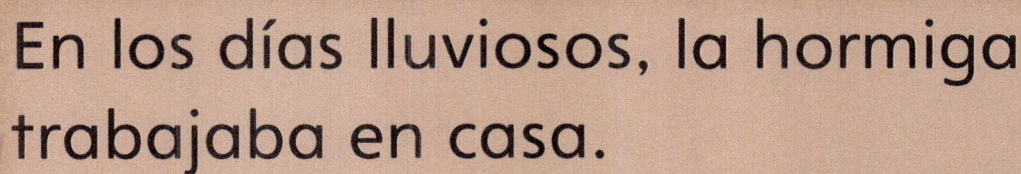

LECTURA ATENTA

Resalta los detalles que te ayudan a corregir o confirmar tu predicción.

Un día de invierno, el saltamontes salió a buscar comida.

No encontró nada.

El saltamontes golpeó a la puerta de la hormiga.
Le pidió algo de comer.

LECTURA ATENTA

Subraya el problema del saltamontes.

—Pasaste todo el verano cantando. En cambio, yo trabajé —dijo la hormiga.

—Ahora puedes pasar el invierno bailando para que no te dé frío.

—Pero sé que tienes comida —dijo el saltamontes.

—Es así porque me pasé el verano preparándome para el invierno —dijo la hormiga.

—Hay un tiempo para jugar y un tiempo para trabajar —dijo la hormiga.

LECTURA ATENTA

Subraya qué aprende el saltamontes de la resolución, o resultado, del cuento.

Leer juntos

Desarrollar el vocabulario

Mi TURNO Escribe una palabra de los recuadros para terminar el resumen de *La hormiga y el saltamontes*.

rogó	**juntó**	**preparó**	**almacenó**

La hormiga trabajó mucho y juntó comida.

La hormiga Preparo la comida en su casa.

El saltamontes le rogo a la hormiga que se divirtiera con él.

Pero la hormiga dijo que no.

La hormiga se almaceno. El saltamontes no se preparó.

Verificar la comprensión

Mi TURNO Escribe las respuestas a las preguntas. Puedes volver a leer el texto.

1. ¿Qué hace que este texto sea una fábula?

Personajes que son animales

2. ¿Cuál es el propósito del autor para escribir este texto?

acaba y tiempo para jugar y para trabajar

3. ¿Qué puede aprender la hormiga del saltamontes? Usa evidencia del texto.

puede aprender como cantar y bailar

Leer juntos

Describir el argumento

El **argumento** consiste en los sucesos, o acontecimientos, importantes que ocurren en un texto. El argumento puede tener un problema y una solución.

El **problema** es lo que hay que resolver.
La **solución** es el resultado.

Mi TURNO ¿Qué problema tiene el saltamontes? Vuelve a leer el texto.

El problema del saltamontes es

¿Cuál es la solución, o resultado, del texto?

Corregir y confirmar predicciones

Una **predicción** es lo que crees que podría ocurrir. Cuando lees, puedes corregir, o cambiar, tu predicción. Después de leer, puedes confirmar si tu predicción era correcta. Pensar en el género, o tipo de texto, puede ayudarte a corregir y confirmar las predicciones. En una fábula, busca claves en los errores de los personajes. ¿Qué van a aprender?

Mi TURNO Piensa en la predicción que hiciste al principio del texto. Luego, escribe tus respuestas. Vuelve a leer el texto.

Mi predicción corregida

Claves para corregir mi predicción

¿Tu predicción era correcta? **Sí** **No**

Leer juntos

Reflexionar y comentar

Escribir basándose en las fuentes

Leíste acerca de un saltamontes que aprende una lección. ¿Has leído sobre otros personajes que aprenden una lección? En una hoja de papel, escribe comentarios sobre cómo cada personaje aprende una lección. Comparte tus comentarios con tus compañeros.

Escribir comentarios

Cuando escribas comentarios sobre los textos, es importante que uses evidencia del texto. Debes:

- Buscar ejemplos que apoyen tus ideas.
- Usar ejemplos de ambos textos.

Pregunta de la semana

¿Por qué es importante planificar con anticipación?

Puedo formar y usar palabras para conectar la lectura y la escritura.

Mi meta de aprendizaje

Vocabulario académico

Las **palabras relacionadas** están conectadas de alguna manera. Tienen raíces similares o significados similares.

Mi TURNO Dibuja una línea desde cada palabra de vocabulario de la columna del medio hasta sus palabras relacionadas de las columnas izquierda y derecha.

creativo	imaginar	imaginación
imposible	suponer	hacer
supuestamente	crear	adivinar
soñar	posible	podría

Leer juntos

Leer como un escritor, escribir para un lector

Un **narrador** es la persona que cuenta un cuento. Un **texto en tercera persona** tiene un narrador que no es un personaje del cuento. Un texto en tercera persona no usa las palabras **yo** ni **mi**.

La hormiga se levantaba temprano todas las mañanas de verano. Trabajaba duro.

Estas palabras indican que el narrador no es un personaje del cuento. El narrador cuenta sobre la hormiga.

INTERCAMBIAR *ideas* Habla con tu compañero sobre lo que sientes cuando piensas en el texto en tercera persona de *La hormiga y el saltamontes*.

Mi TURNO Escribe una oración en tercera persona sobre una niña llamada Sara. Lee tu oración a un compañero.

Escribir palabras con z y r entre vocales

Mi TURNO Agrupa y escribe las palabras.

Palabras de ortografía			
lazo	cabeza	parada	loro
toro	zumo	zorro	pera

z	r

Mis palabras	
había	maestro

Leer juntos

Los sustantivos en singular y plural

Un **sustantivo en singular** nombra una cosa, como hormiga. Un **sustantivo en plural** nombra más de una cosa, como hormigas.

Asegúrate de escribir los artículos que acompañan a los sustantivos correctamente. Por lo general, los sustantivos que terminan en **a** o **as** llevan el artículo **la** o **las**. Los sustantivos que terminan en **e**, **es** u **o**, **os** llevan los artículos **el** o **los**. Acuérdate también de emplear la concordancia correcta entre sustantivos y verbos.

La **planta** es enorme. (una planta, femenino)

Los **osos** son colaboradores. (más de un oso, masculino)

Mi TURNO Corrige los sustantivos en singular y plural y los artículos y verbos de estas oraciones.

1. La loro comí una ciruelas.

____

2. Las amigos viste tres hormiga.

____

Puedo escribir poesía.

Mi meta de aprendizaje

Poesía

La poesía puede tener:

- ritmo, rima, repetición, aliteración
- palabras que apelan a los cinco sentidos

Carrera contra la lluvia

El viento mueve las ramas.

Gotea, gotea en mi carita. ← Repetición

Las nubes tormentosas ← Rima

me persiguen ansiosas.

Charcos, charca, chapoteo. ← Aliteración

Veloz como un rayo llego a casa.

Cierro la puerta de un golpe tremendo.

¡Justo antes del primer ESTRUENDO!

Leer juntos

Generar ideas

Los autores piensan en muchas ideas antes de comenzar a hacer un borrador, o escribir, poesía.

Mi TURNO ¿Sobre qué puedes escribir un poema? Dibuja una lluvia de ideas.

Planificar tu poesía

Mi TURNO Planifica tu poema. Desarrolla detalles para una de las ideas de tu lluvia de ideas.

Idea del poema	
Palabras que riman	
Repetición	
Aliteración	

Leer juntos

¿Qué es un personaje tramposo?

Los personajes tramposos engañan a otros personajes. Son listos y astutos.

Los personajes tramposos:

- fingen ser honestos.
- hacen que otros vayan al lugar equivocado.
- no siguen las reglas.
- logran que otros les entreguen cosas.

SEMANA 2

Pregunta de la semana

¿De qué manera usan su imaginación los personajes tramposos?

Mi TURNO Dibuja tu propio personaje de animal tramposo.

INTERCAMBIAR *ideas* Comenta con tu compañero lo que hace tu personaje tramposo.

Leer juntos

Quitar sílabas

VER y DECIR A veces podemos quitar algunos sonidos de una palabra y crear una palabra nueva. Nombra cada imagen. Separa la palabra en sílabas. Quita la primera sílaba de la palabra. Di la nueva palabra.

La consonante y

Algunas palabras tienen sílabas que comienzan con el sonido que escuchas al comienzo de la palabra **ya.** Ese sonido a veces se escribe con la letra **y.**

Mi TURNO Lee estas palabras.

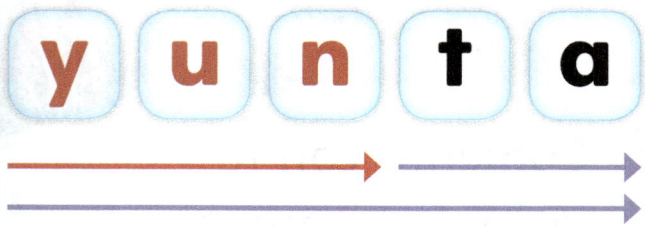

y u n t a y e m a

La consonante y

INTERCAMBIAR *ideas* Lee estas palabras con un compañero.

yoyó	**payaso**	**yema**
raya	**ayuda**	**yuca**
yate	**yogur**	**yo**

Mi TURNO Escribe las sílabas para completar la palabra.

1. Marcos y Tina comen ______gur.

2. El pa______so es chistoso.

INTERCAMBIAR *ideas* Ahora lee las oraciones con un compañero.

Leer juntos

La consonante y

Mi TURNO Escribe la palabra que nombra cada imagen.

yoyó

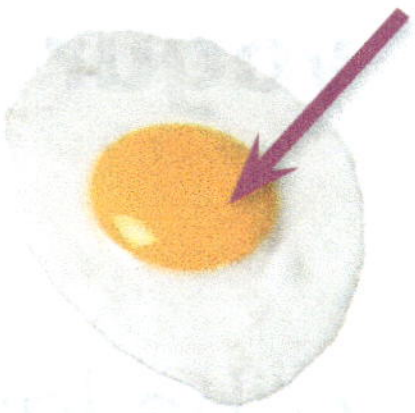

Mi TURNO Escribe una oración sobre una de las palabras.

Las sílabas con h

VER y DECIR Nombra las imágenes. Escucha los sonidos. Cuando separas una palabra en sílabas, dices cada sílaba por separado. Separa cada palabra en sílabas.

La consonante h

Las sílabas que comienzan con la consonante **h** tienen el sonido de la vocal que la acompaña. La consonante **h** es muda, es decir, no tiene sonido.

Mi TURNO Lee estas palabras.

h a d a

h o l a

Leer juntos

Mis palabras

Hay palabras que debes recordar y practicar.

Mi TURNO Lee las palabras.

así	**decir**	**entre**	**estos**	**cuándo**

Mi TURNO Completa las oraciones con las palabras del recuadro. Lee las oraciones.

1. La mariposa está entre las hojas. Sus alas son ________ de grandes.

2. ¿________ volverá a su casa?

3. ________ arbustos son su casa. Hay una araña en una hoja.

4. ¡Ya le voy a ________ a la mariposa!

La consonante h

INTERCAMBIAR *ideas* Lee estas palabras con un compañero.

hilo	**hola**	**helado**
hormiga	**cohete**	**almohada**

Mi TURNO Lee las oraciones. Subraya las palabras que tienen sílabas con **h**.

Hugo y Helena son unos amigos muy golosos.

Helena, la hormiga, come helado de higos.

Hugo, el halcón, come pastel de zanahorias.

INTERCAMBIAR *ideas* Ahora lee las oraciones con un compañero.

Leer juntos

La consonante h

Mi TURNO Nombra cada imagen. Escribe las sílabas con **h** para completar las palabras. Luego, lee las palabras.

cohete   bú____   ____lo

Mi TURNO Escribe una oración sobre uno de los dibujos.

El desayuno de Zelda

Zelda busca su desayuno.

¿Un yogur y leche de soya?

No, desayunó eso ayer.

Ve a Pomposo en un flamboyán.

Pomposo tiene un queso.

AUDIO

Para escuchar y resaltar

ANOTAR

Resalta las palabras que contienen la consonante **y**.

—¡Hola, tú, entre las hojas! —dice Zelda—. ¡He oído decir que cantas hermoso! ¿Cuándo cantas para mí?

Pomposo es vanidoso.

Le gustan estos halagos.

Subraya las palabras que contienen la consonante **h**.

—¡Canta! —dice Zelda—.
¡Canta para mí!

¿Y qué hace Pomposo? ¡Canta!

Y así como un rayo ya no tiene el queso.

¡Qué desayuno más rico!

Resalta las palabras que contienen la consonante **y**.

Leer juntos

Mi meta de aprendizaje Puedo leer cuentos tradicionales.

ENFOQUE EN EL GÉNERO

Cuento folclórico

El cuento folclórico es un tipo de cuento tradicional que se ha contado de una generación a otra, una y otra vez. Con frecuencia presenta un personaje tramposo.

El lobo tramposo

Hace mucho tiempo, una niña va a visitar a su abuelita. En el camino, ¡se encuentra con un lobo!

Personaje tramposo → El lobo la quiere atrapar, así que finge ser su abuelita. ¡Pero la niña sale corriendo!

INTERCAMBIAR ideas Habla con un compañero sobre los personajes del cuento folclórico.

Cartel de referencia: Cuento folclórico

- cuento corto
- conocido por mucha gente
- presenta un problema simple
- puede tener un personaje tramposo
- Tiene una moraleja, o lección, con la cual los lector se pueden relacionar.

Leer juntos

El mono tramposo

Primer vistazo al vocabulario

Vas a leer estas palabras en *El mono tramposo*.

justamente	atentamente	exactamente	tristemente

Leer

Hojea la estructura del texto. Puede ayudarte a hacer una predicción. Ahora haz una predicción.
Lee para ver si el texto confirma tu predicción.
Hazte preguntas sobre las partes confusas.
Comenta qué aprendiste del texto.

Conoce al autor

Rob Cleveland es autor, cuentista, actor y comediante. Ha escrito varios libros para niños y enseña la importancia de narrar cuentos a personas de cualquier edad.

Leer juntos

Género Cuento folclórico

El mono tramposo

Un cuento folclórico de África Occidental

contado por Rob Cleveland ◇ ilustrado por Baird Hoffmire

AUDIO

Para escuchar y resaltar

ANOTAR

En una selva de África Occidental, dos gatos encontraron un gran pedazo de queso.

Ahora bien, a estos gatos les gustaba el queso más que cualquier otra cosa.

No podían creer en su buena suerte.

—¿Cómo deberíamos dividir nuestro queso? —preguntó uno de los gatos.

—Con gusto lo dividiré en dos partes iguales —dijo el otro gato.

LECTURA ATENTA

Subraya las palabras que te ayudan a entender el propósito del autor.

—¿Cómo sé que lo vas a dividir justamente? —preguntó el primer gato—. Yo dividiré el queso.

—¿Cómo sé que lo vas a dividir justamente? —preguntó el segundo gato—. Yo dividiré el queso.

LECTURA ATENTA

Resalta los detalles que se relacionan con las maneras en que las personas resuelven problemas en la sociedad, o en grupo.

Desde arriba de un árbol, un mono miraba a los gatos.

Ahora bien, a este mono también le gustaba el queso más que cualquier otra cosa.

El mono se columpió hasta bajar del árbol y se acercó a los gatos.

—Con gusto dividiré el queso para ustedes en dos partes iguales —dijo el mono.

Los gatos estuvieron de acuerdo y, después de mucho pensarlo, el mono partió el queso en dos partes.

Los dos gatos le agradecieron al mono y se prepararon para comer su queso.

—¡Oh, no! —dijo el mono—. Cometí un error. Los pedazos no son iguales.

El mono tomó uno de los pedazos de queso.

—No se preocupen. Puedo hacerlos del mismo tamaño.

VOCABULARIO EN CONTEXTO

Subraya la palabra que te ayuda a saber qué significa **iguales**.

Entonces el mono comió un pedacito del queso.

—Ahí está, ahora son del mismo tamaño.

Los dos gatos le agradecieron de nuevo al mono y se prepararon para disfrutar su queso.

—¡Oh, no! —dijo el mono—. Temo que comí demasiado. Los dos pedazos no son del mismo tamaño. Pero puedo arreglarlo.

Entonces, el mono comió un poquito del otro pedazo de queso.

—Ahora son del mismo tamaño —dijo el mono.

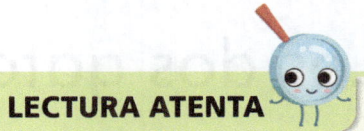

LECTURA ATENTA

Subraya los detalles que te ayudan a entender que el propósito del autor es entretener.

Los dos gatos le agradecieron de nuevo al mono y se prepararon para disfrutar su queso.

—¡Oh, no! —dijo el mono—. Lo hice otra vez. Comí demasiado. Ahora los dos pedazos no son del mismo tamaño, pero puedo arreglarlo.

LECTURA ATENTA

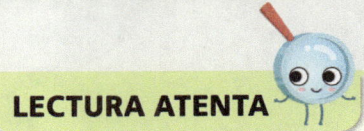

Resalta los detalles que te ayudan a entender cómo se deben tratar las personas en la sociedad.

—Así está bien —dijo el primer gato—. No hace falta que sean exactamente del mismo tamaño.

—Sí, sí hace falta —dijo el segundo gato—. Necesitamos que el queso esté dividido justamente.

Así que el mono siguió tratando de dividir el queso en dos partes iguales.

Los dos pedazos de queso se volvían cada vez más pequeños.

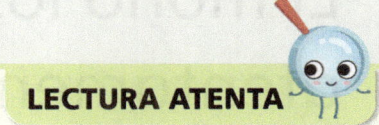

Y la panza del mono se volvía cada vez más grande.

LECTURA ATENTA

Subraya detalles sobre el mono que te ayudan a entender que el propósito del autor es entretener.

Finalmente, quedaron dos diminutos pedacitos de queso. El mono los alzó y los miró atentamente.

—Creo que estos dos pedazos son exactamente del mismo tamaño. ¡Disfruten su queso, amigos!

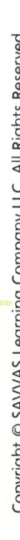

El mono volvió a subirse al árbol columpiándose y dejó a los dos gatos mirando tristemente sus dos diminutos pedazos de queso.

LECTURA ATENTA

Resalta la palabra que describe cómo se sienten los gatos cuando miran los pedazos de queso. ¿Cómo se deberían sentir las personas en la sociedad cuando otros las ayudan?

—Tu pedazo es más grande —dijo el primer gato.

—No, el tuyo es más grande —dijo el otro gato.

—No lo es.

—Sí lo es.

Por lo que sabemos, los gatos todavía siguen ahí discutiendo y el mono astuto sigue sonriendo.

LECTURA ATENTA

Resalta lo que hacen los gatos después de que el mono les da el queso. ¿Qué deben hacer las personas en la sociedad después de que resuelven un problema?

Leer juntos

Desarrollar el vocabulario

La parte de palabra **–mente** significa **"de manera** ___**"**. **Alegremente** significa **"de manera alegre"**.

Mi TURNO Escribe el significado de cada palabra. Usa la parte de palabra **–mente** como ayuda.

tristemente	**de manera**	triste
justamente	**de manera**	
exactamente	**de manera**	
atentamente	**de manera**	

INTERCAMBIAR ideas Con un compañero, usa cada palabra en una oración que hable sobre el texto.

Verificar la comprensión

Mi TURNO Escribe las respuestas a las preguntas. Puedes volver a leer el texto.

1. ¿Qué hace que *El mono tramposo* sea un cuento folclórico?

2. ¿Por qué crees que el autor usa animales como personajes?

3. ¿Qué podrían haber hecho los gatos para quedarse con todo el queso? Usa evidencia del texto.

Leer juntos

Comentar el propósito del autor

El **propósito del autor** es la razón por la cual el autor escribe un texto. El propósito puede ser informar, entretener o persuadir.

Mi TURNO Subraya el propósito del autor por el cual escribió *El mono tramposo*. Vuelve a leer el texto.

Informar a los lectores acerca de monos y gatos.

Entretener a los lectores con el cuento de un mono tramposo.

Persuadir a los lectores de comer queso.

¿Cómo sabes que ese es el propósito del autor?

INTERCAMBIAR ideas Comenta el propósito del autor con un compañero.

Hacer conexiones

Cuando algo que lees te hace pensar en otra cosa, estás haciendo conexiones. Los lectores pueden hacer conexiones con el mundo que los rodea.

Mi TURNO Escribe y dibuja sobre una lección que podemos aprender de *El mono tramposo*. Vuelve a leer el texto.

Leer juntos

Reflexionar y comentar

En tus palabras

Trabaja con un compañero para volver a contar, o recontar, *El mono tramposo*. ¿Sobre qué otros personajes tramposos has leído? ¿En qué se parecen al mono tramposo?

Comentar información e ideas

Cuando hables con otras personas, es importante:

- Hacer preguntas cuando no comprendas algo.
- Responder a las preguntas con oraciones completas.

Usa las palabras de la nota como ayuda.

¿Qué quieres decir cuando dices...?

Ahora comenta tus ideas.

Pregunta de la semana

¿De qué manera usan su imaginación los personajes tramposos?

Puedo formar y usar palabras para conectar la lectura y la escritura.

Mi meta de aprendizaje

Vocabulario académico

Los **sinónimos** son palabras que tienen significados similares.

Los **antónimos** son palabras que tienen significados opuestos.

Mi TURNO Lee las palabras de cada fila. Escribe una **S** sobre la línea si las palabras son sinónimos. Escribe una **A** sobre la línea si las palabras son antónimos.

suponer	**fingir**	S
posible	**imposible**	______
crear	**destruir**	______
imaginar	**inventar**	______

Leer juntos

Leer como un escritor, escribir para un lector

Los autores escogen palabras que los ayudan a describir los detalles de un cuento.

Los dos **pedazos de queso** se volvían cada vez más pequeños. Y la **panza del mono** se volvía cada vez más grande.

El autor escogió estas palabras para describir el queso y la panza del mono.

Mi TURNO Escribe oraciones que hablen sobre algo que hace el mono. Las palabras deberían describir la acción.

Escribir palabras con y y h

Mi TURNO Agrupa las palabras que tienen sílabas que comienzan con **y.** Agrupa las palabras que tienen sílabas que comienzan con **h.** Escribe las palabras. Recuerda que la **h** es muda, es decir, se escribe pero no se pronuncia.

y	h

Palabras de ortografía

- yoyó
- hojas
- payaso
- hogar
- hora
- yema
- hospital
- yate

Mis palabras

Mis palabras

- así
- estos

Leer juntos

Los sustantivos comunes y propios

Un **sustantivo común** nombra a cualquier persona, lugar o cosa.

Un **sustantivo propio** nombra a una persona, un lugar o una cosa especial o particular.

Asegúrate de escribir los sustantivos propios con mayúscula inicial y los artículos del género correcto.

El **parque** está en una **ciudad** grande. (sustantivo común masculino, sustantivo común femenino)

El **Parque Central** está en la **Ciudad de Nueva York**. (sustantivo propio masculino, sustantivo propio femenino)

Mi TURNO Corrige los sustantivos comunes y propios de estas oraciones. Fíjate si has usado el artículo del género correcto.

1. Vivo con mi familia en un Casa grande

2. Los Barrios donde vivimos es muy lindo.

3. Vivimos en el estados unidos.

Puedo escribir poesía.

Mi meta de aprendizaje

Los cinco sentidos

Los autores usan palabras para describir cómo se ven, huelen, suenan, se sienten y saben las cosas.

Mi TURNO Escribe una palabra o frase para cada sentido que puedas usar en tu poema.

Vista 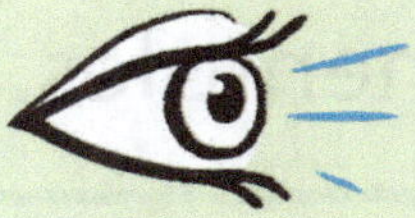	
Oído 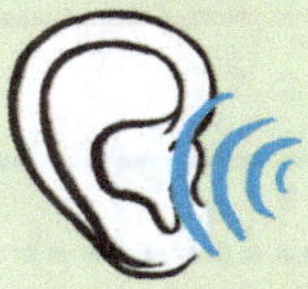	
Olfato 	
Tacto 	
Gusto 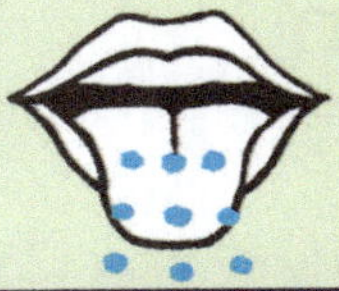	

Leer juntos

Escribir imágenes literarias

Las **imágenes literarias** son las palabras que usan los autores con las que los lectores se forman imágenes mentales. Las palabras hacen que los lectores usen sus cinco sentidos.

Mi TURNO Busca ejemplos de imágenes literarias en poemas que hayas leído. Escribe las palabras que te hacen formar imágenes mentales.

Mi TURNO Escribe palabras y frases para tu poema con las que los lectores se forman imágenes mentales.

Selección de palabras

Los autores escogen las palabras cuidadosamente. Escogen palabras que consideran interesantes y emocionantes para los lectores.

Mi TURNO Escribe algunas palabras y frases que hayas leído en poemas que te parezcan interesantes.

Mi TURNO Agrega palabras y frases interesantes cuando escribas tu poema.

Leer juntos

¡Ideas nuevas!

EL APAGÓN
ESCRITO POR ZETTA ELLIOT • ILUSTRADO POR MAXIME LEBRUN

Zetta Elliott escribió este cuento. Usó su imaginación para crear los personajes, el ambiente y los sucesos.

Alexander Graham Bell inventó el teléfono hace mucho tiempo. Hoy en día, los teléfonos tienen un aspecto muy diferente.

Pregunta de la semana

¿Cómo puede la imaginación producir una idea nueva?

Ellen Ochoa tenía ideas nuevas sobre cómo conseguir mejores imágenes del espacio.

astronauta

INTERCAMBIAR *ideas* ¿Qué idea nueva te gusta más? ¿De qué manera ayudó la imaginación a estas personas a pensar en ideas nuevas? Coméntalo con un compañero.

Leer juntos

Las sílabas con el dígrafo ll

VER y DECIR Nombra cada imagen. Cuando separas una palabra en sílabas, dices cada sílaba por separado. Separa cada palabra en sílabas. Escucha los sonidos.

El dígrafo ll

Algunas palabras tienen sílabas que comienzan con el sonido que escuchas al comienzo de la palabra **llave**. Ese sonido a veces se escribe con el dígrafo **ll**. Un **dígrafo** son dos consonantes que se pronuncian juntas y tienen un solo sonido.

Mi TURNO Lee estas palabras.

l l e v a

l l o r a

El dígrafo ll

INTERCAMBIAR *ideas* Lee estas palabras con un compañero.

ardilla	**calle**	**gallina**
cuchillo	**lleno**	**botella**

Mi TURNO Escribe la sílaba con **ll** para completar las palabras.

1. El árbol está ______no de hojas amari______.

2. En las hojas hay dos ardi______.

INTERCAMBIAR *ideas* Lee las oraciones con un compañero.

Leer juntos

El dígrafo ll

Mi TURNO Lee los nombres de las imágenes. Subraya las sílabas que tienen el dígrafo **ll**.

llorar

ballena

silla

castillo

Mi TURNO Escribe una oración que tenga una palabra con **ll**.

Las palabras que riman

VER Y DECIR Las palabras que riman tienen el mismo sonido medio y final. Nombra cada imagen. Escucha los sonidos de las vocales al final de las palabras. Di varias palabras que rimen con las palabras de las imágenes.

Las palabras con ce, ci

Las sílabas **ce** y **ci** forman el sonido que escuchas al comienzo de las palabras **centavo** y **cinco**. Ese sonido a veces se escribe con la consonante **c**.

MI TURNO Lee estas palabras.

c e r o   c i m a

Leer juntos

Mis palabras

Hay palabras que debes recordar y practicar.

Mi TURNO Identifica y lee las palabras.

leer	**feliz**	**suerte**	**después**	**escuela**

Mi TURNO Completa las oraciones con las palabras del recuadro. Lee las oraciones.

Caligrafía Escribe las palabras claramente.

1. La escuela de Cecilia es muy divertida.

2. Cecilia va ________ y contenta. Hoy va a ________ un cuento de hadas lleno de dibujos.

3. ________, va a cantar al coro.

4. ¡Qué ________ tiene Cecilia!

Las palabras con ce, ci

INTERCAMBIAR *ideas* Lee estas palabras con un compañero.

maceta	**cebolla**	**circo**
pecera	**ceja**	**cisne**

Mi TURNO Escribe las sílabas que comienzan con **ce** o **ci** para completar las palabras.

1. El ______ne está en la laguna.

2. El pez nada en la pe______ra.

3. Un año tiene do______ meses.

INTERCAMBIAR *ideas* Ahora lee las oraciones con un compañero.

Leer juntos

Las palabras con ce, ci

Mi TURNO Lee las palabras. Usa las palabras del recuadro para completar las oraciones.

cine	cenar	vecina

1. César va al cine con Cata.

2. Cata es su __________. Vive en la casa de al lado.

3. Después, César y Cata van a __________.

Mi TURNO Escribe una oración con una palabra que tenga la sílaba **ce** o **ci**.

Doña Ceci

Doña Ceci es mi vecina.

Antes de la cena, busca en la cocina.

Busca dentro de la harina.

—¡No hallo mis lentes de leer! —dice doña Ceci.

Resalta las palabras que contienen las sílabas **ce, ci**.

Después de la escuela, veo a doña Ceci.

¿Qué le pasa a doña Ceci?

Busca una llave y un anillo.

¡En una botella los lleva metidos!

Subraya las palabras que contienen el dígrafo **ll**.

Llevo unas tiras de la suerte
para doña Ceci.

Le amarro sus lentes, su llave
y su anillo.

Doña Ceci está feliz.

Resalta las palabras que contienen las sílabas **ce, ci** y el dígrafo **ll.**

Leer juntos

Mi meta de aprendizaje Puedo leer sobre usar mi imaginación.

Poesía

Las palabras de un poema están escritas en versos. Algunos poemas tienen repetición, es decir, las palabras se repiten. Algunos poemas tienen aliteración: las palabras comienzan con el mismo sonido.

Balada con animales

Aliteración

Una gallina galopa,
Un caballo cacarea,
Come el perrito naranjas...
Imagina, imagina,
¡la locura de esa granja!

Repetición

INTERCAMBIAR *ideas* Comenta con un compañero en qué se diferencian y en qué se parecen un poema, una fábula y un cuento folclórico.

Cartel de referencia: Poesía

Rima

El perro de mi casa,
¡se mete en una taza!

Ritmo

Suben los niños colina arriba.
Suben y llegan hasta la cima.

Repetición

A la rueda, rueda de
pan y canela.

Aliteración

Danza durante días
la delicada dama.

Leer juntos

Colección de poesía

Primer vistazo al vocabulario

Vas a leer estas palabras en los poemas de esta semana.

juegan	**cabalga**	**trotando**	**convierte**

Leer

Lee los títulos y haz una predicción. Luego, lee los poemas.

Mira las imágenes como ayuda para comprender sobre qué tratan los poemas.

Hazte preguntas para aclarar la información.

Comenta si tus predicciones fueron correctas.

Conoce a la autora

Yanitzia Canetti es una escritora y traductora cubanoamericana. ¡Ha traducido más de 200 libros infantiles! Actualmente vive en Boston con su esposo y sus dos hijos.

Leer juntos

Género Poesía

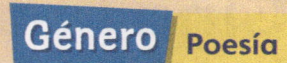

"Gina imagina" y "Caballito marrón"

por Yanitzia Canetti

AUDIO

Para escuchar y resaltar

ANOTAR

"Gina imagina"

Gina imagina un mundo
lleno de luz y color.
Cuando Gina lo imagina,
¡todo cambia alrededor!

En su mundo hay animales
realmente impresionantes:
el hormigato, el rinopótamo,
la iguanabeja y el jirafante.

En su mundo, Gina tiene
superpoderes secretos:
¡convierte cosas sencillas
en increíbles objetos!

A una simple cucharita
la convierte en cucharón,
y a su cepillo de dientes
¡lo convierte en un avión!

LECTURA ATENTA

Resalta los detalles que indican cómo usa Gina su imaginación.

En su mundo, los amigos
juegan juegos al revés:
el que pierde es el que gana,
¡y el que gana dice *yes*!

Gina imagina un mundo
lleno de risas y amor.
Cuando Gina lo imagina,
¡todo es mucho mejor!

“Caballito marrón”

Tengo un caballito
de color marrón,
¡qué rápido cabalga
en mi imaginación!

No lo detiene nada,
ni cerca ni frontera,
¡trotando va con prisa
por toda la pradera!

LECTURA ATENTA

Subraya el par de palabras que
comienzan con el mismo sonido.

Yo lo ayudo a cruzar
un desierto caliente:
¡en su lomo un paraguas
gira y riega su frente!

Yo lo ayudo a cruzar
los ríos caudalosos:
¡hago un puente de piedras
con ruidos melodiosos!

Yo evito que lo pique
el temible escorpión:
señalo su camino
con cajas de cartón.

Cabalga, caballito,
por mi suelo tejano,
¡y que nada te frene
de ir a un lugar lejano!

Cabalga libremente,
caballito marrón,
¡que no existen fronteras
en la imaginación!

LECTURA ATENTA

Resalta las ideas de este poema que puedes conectar con ideas del otro poema.

Leer juntos

Desarrollar el vocabulario

Mi TURNO Sigue las instrucciones para crear un dibujo usando tu imaginación.

Juega un poco con tu lápiz sobre una hoja de papel.

Luego concéntrate y dibuja un caballo que **trota** o **cabalga**.

Convierte tu dibujo en un cuadro dibujándole un lindo marco.

Verificar la comprensión

Mi TURNO Escribe las respuestas a las preguntas. Puedes volver a leer los textos.

1. ¿Cómo sabes que estos textos son poemas?

2. ¿Por qué la autora de "Gina imagina" usa palabras que riman?

3. ¿Cuál es uno de los poderes secretos de Gina? Usa evidencia del texto.

Leer juntos

Identificar los elementos de la poesía

A veces los autores usan elementos poéticos para sugerir sentimientos o apelar a los sentidos. La **repetición** es cuando se repiten palabras o frases. La **aliteración** es cuando las palabras comienzan con el mismo sonido.

Mi TURNO Encierra en un círculo el ejemplo de cada elemento poético. Vuelve a leer el texto.

Repetición	
Cabalga, caballito, por mi suelo tejano, ¡y que nada te frene de ir a un lugar lejano!	Yo lo ayudo a cruzar un desierto caliente: [...] Yo lo ayudo a cruzar los ríos caudalosos:
Aliteración	
Cabalga, caballito,	Cabalga libremente,

INTERCAMBIAR ideas ¿Por qué crees que los autores usan la repetición y la aliteración en los poemas? Coméntalo con un compañero.

Hacer conexiones

Cuando algo que lees te hace pensar en otra cosa, estás haciendo conexiones. Una manera de hacer conexiones es descubrir en qué se parecen y en qué se diferencian dos o más textos.

Mi TURNO Dibuja y escribe de qué tratan los dos poemas. Vuelve a leer el texto.

Los poemas tratan de

Leer juntos

Reflexionar y comentar

En tus palabras

Leíste dos poemas sobre cómo usar la imaginación. En tus propias palabras, di qué poema te gusta más y por qué te gusta más. Usa ejemplos de los poemas para explicarlo.

Presentar tu opinión

Cuando presentes tu opinión, es importante:

- Expresar tu opinión con claridad.
- Dar una razón para apoyar tu opinión.

Usa las palabras de la nota como ayuda.

Creo que ___ porque ___.

Ahora presenta tu opinión.

Pregunta de la semana

¿Cómo puede la imaginación producir una idea nueva?

Puedo formar y usar palabras para conectar la lectura y la escritura.

Mi meta de aprendizaje

Vocabulario académico

Las **claves del contexto** son palabras o imágenes que te ayudan a saber lo que significan las palabras desconocidas.

Mi TURNO Lee cada oración. Resalta las claves del contexto para la palabra subrayada.

1. Nos dio muchas posibilidades y opciones para usar nuestra imaginación.

2. Usé mi imaginación para pensar en ideas nuevas.

3. No estoy seguro, pero supongo que podemos construir un gran puente de piedra.

Leer juntos

Leer como un escritor, escribir para un lector

Los autores suelen usar palabras que riman en sus poemas. Las palabras que riman tienen el mismo sonido final.

En su mundo, Gina tiene
superpoderes secretos:
¡convierte cosas sencillas
en increíbles objetos!

La autora usa palabras que riman para hacer divertido el poema.

Mi TURNO Escribe dos oraciones con palabras que rimen. ¡Tus oraciones pueden ser absurdas!

Escribir palabras con el dígrafo ll y ce, ci

Los **dígrafos** son dos letras que se escriben juntas en una sílaba y forman un solo sonido.

Cuando la consonante **c** va seguida de las vocales **e** o **i**, tiene el sonido que escuchas al comienzo de la palabra **cesta**.

Mi TURNO Agrupa y escribe las palabras.

dígrafo ll	ce, ci

Mis palabras

Palabras de ortografía

pollito
maceta
llave
cebolla
cinco
lleno
cine
llama

Mis palabras

feliz
leer

Leer juntos

Los pronombres

El **pronombre** toma el lugar del sustantivo.

Tú adoras dibujar. (pronombre sujeto informal)

Usted está bien. (pronombre sujeto formal)

Esa cama es **suya**. (pronombre posesivo)

¿Me lo das a **mí?** (pronombre objeto)

¡Jugamos con **todos!** (pronombre indefinido)

Mi TURNO Corrige las oraciones reemplazando la palabra o palabras subrayadas con un pronombre.

1. <u>Papá</u> está aquí.

É______ está aquí.

2. Jugamos con la caja <u>que pertenece a papá</u>.

La caja es ______.

3. ¿Viste a <u>la niña</u>?

¿______ viste?

Puedo escribir poesía.

Mi meta de aprendizaje

Las pausas y los espacios en blanco

Una **pausa** es el lugar donde el autor escoge terminar un verso y comenzar uno nuevo.
El **espacio en blanco** es el área que está alrededor de un poema.

Mi TURNO Encierra en un círculo la palabra que está antes de cada pausa. Haz un dibujo en el espacio en blanco.

Cabalga, caballito
por mi suelo tejano,
¡Y que nada te frene
de ir a un lugar lejano!

Mi TURNO Cuando compongas tu poema, incluye pausas y espacio en blanco.

Leer juntos

Onomatopeyas

Las **onomatopeyas** son palabras que representan o imitan un sonido. **Clic** y **clac** son onomatopeyas.

Mi TURNO Mira las imágenes. Escribe una palabra que represente el sonido de la imagen.

Mi TURNO Incluye onomatopeyas cuando compongas tu poema.

La rima

Las palabras que riman terminan con el mismo sonido. Con frecuencia, los autores usan palabras que riman para hacer divertida su poesía.

Mi TURNO Lee el poema. Resalta las palabras que riman.

¡Quiquiriquí!
¿Es para mí?
Grillito cricrí,
¡Dime que sí!

Mi TURNO Escribe un verso que rime con el poema.

Mi TURNO Compón tu poema usando rima.

Leer juntos

"¡Buen viaje!"

por Amado Nervo

Con la mitad de un periódico
hice un buque de papel,
y en la fuente de mi casa
va navegando muy bien.

Pregunta de la semana

¿Cómo pueden los cuentos ayudarnos a conocer lugares nuevos?

Mi hermana con su abanico
sopla que sopla sobre él.
¡Muy buen viaje, muy buen viaje,
buquecito de papel!

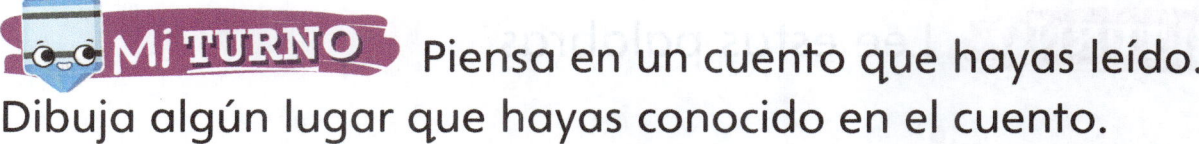

Mi TURNO Piensa en un cuento que hayas leído. Dibuja algún lugar que hayas conocido en el cuento.

Leer juntos

Las sílabas con br

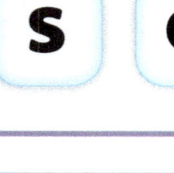

VER y DECIR A veces escuchas dos sonidos juntos al comienzo de una sílaba. Nombra cada imagen. Separa cada palabra en sílabas. Luego, combina las sílabas para volver a formar cada pabra.

La combinación de consonantes br

Las combinaciones de consonantes ocurren cuando una sílaba comienza con dos consonantes seguidas como la **br** en **brillo**.

Mi TURNO Lee estas palabras.

s o **b r e**

b r i s a

La combinación de consonantes br

INTERCAMBIAR *ideas* Lee estas palabras con un compañero.

brincar **brócoli** **abrazo**

abrigo **brigada** **cebra**

Mi TURNO Nombra la imagen. Escribe la sílaba con **br** para completar cada palabra.

som**bre**ro

a ___ go

li ___

ce ___

Leer juntos

La combinación de consonantes br

Mi TURNO Lee las oraciones. Subraya las palabras que tienen sílabas con **br**.

Brenda tiene un libro sobre animales.

El libro de Brenda tiene una cebra.

También tiene una cabra. ¡La cabra brinca muy alto!

Recuerda que en la combinación de consonantes br, las consonantes quedan en la misma sílaba.

Mi TURNO Escribe una oración que tenga una palabra con **br**.

Los sonidos finales de los plurales

VER y DECIR Escucha los sonidos finales mientras nombras las imágenes. Luego, di los sonidos finales.

Los plurales con -s, -es y -ces

Cuando la palabra termina en **a**, **e**, **o**, se le agrega **-s** para formar el plural, como **la casa**, **las casas.** Cuando termina en **i**, **u** o en **consonante**, se le agrega **-es,** como **el ají**, **los ajíes**; **el papel**, **los papeles**. Cuando termina en **z**, se reemplaza la **z** por **-ces,** como en **feliz/felices**, **lápiz/lápices**.

Mi TURNO Lee estas palabras. **Resalta** los plurales.

peces   cebras   manteles   maníes

Leer juntos

Mis palabras

Hay palabras que debes recordar y practicar.

Mi TURNO Lee las palabras.

fue	**traer**	**salió**	**hombre**	**tiempo**

Mi TURNO Completa las oraciones con las palabras del recuadro. Lee las oraciones.

1. Bruno era un hombre valiente.

2. Un día, Bruno ______ al bosque.

   Quería ______ leña para la fogata.

3. Al poco ______ vio un oso en los árboles.

4. Al ver que el ______ no se espantó,

   el oso se ______.

Los plurales con -s, -es, -ces

INTERCAMBIAR ideas Lee estas parejas de palabras con un compañero.

carro	**carros**	**amiga**	**amigas**
árbol	**árboles**	**mes**	**meses**
capaz	**capaces**	**vez**	**veces**

Mi TURNO Escribe el plural de los sustantivos. Lee las palabras nuevas.

1. lápiz ______

2. balón ______

3. cabra ______

Leer juntos

Los plurales con -s, -es, -ces

Mi TURNO Lee las oraciones. Subraya las palabras que tienen los plurales **-s**, **-es** o **-ces**.

1. Tomás y Tamara toman dos autobuses.
2. Van felices a la casa de Susana.
3. Susana celebra sus ocho años.
4. ¡Su abuela le hizo dos pasteles!

Mi TURNO Escribe una oración que tenga una palabra en plural.

Tato y Paco

Tato es un hombre bravo.

¡Todo el tiempo está enojado!

A su paso, la cabra salta con la brisa.

La culebra se asusta de su bramido.

AUDIO

Para escuchar y resaltar

ANOTAR

Resalta las palabras que contienen la combinación de consonantes **br**.

Paco es feliz. Pasa el tiempo con sus libros y sus lápices de colores.

Un día, Paco salió. Fue a pintar peces.

Ve a Tato en el camino.

Subraya las palabras con los plurales -s, -es, -ces.

—Tato, dime, ¿por qué estás bravo? —dijo Paco.

—Todos se van al verme llegar —bramó Tato lloroso.

Paco le dio un abrazo: —Te voy a traer un abrigo.

Resalta las palabras que contienen la combinación de consonantes **br.**

Leer juntos

Mi meta de aprendizaje Puedo leer cuentos tradicionales.

ENFOQUE EN EL GÉNERO

Fábula

En una fábula, a veces los personajes son animales que hablan y actúan como personas.

INTERCAMBIAR ideas ¿De qué manera actúan estos personajes como personas? Coméntalo con un compañero.

Lee con fluidez

Quienes leen con fluidez leen a un ritmo apropiado. Esto significa que no leen ni demasiado rápido ni demasiado lento. Después de leer el cuento de esta semana, practica leer con fluidez junto con un compañero.

Cartel de referencia: Fábula

Describe a los personajes.

- lo que hacen
- lo que dicen
- lo que sienten
- las razones de sus acciones

Leer juntos

La vaca y el tigre

Primer vistazo al vocabulario

Vas a leer estas palabras en *La vaca y el tigre*.

feliz	triste	enojado	sorprendido

Leer

Lee para buscar las ideas más importantes.

Busca detalles que te ayuden a describir y visualizar el ambiente y los sucesos.

Hazte preguntas durante la lectura para comprender el texto.

Comenta la moraleja del texto.

Conoce a la autora

Sudha Ramaswami enseña en segundo grado. Ha escrito dos libros para niños que enseñan la importancia de hacer lo correcto. También adora escribir poesía.

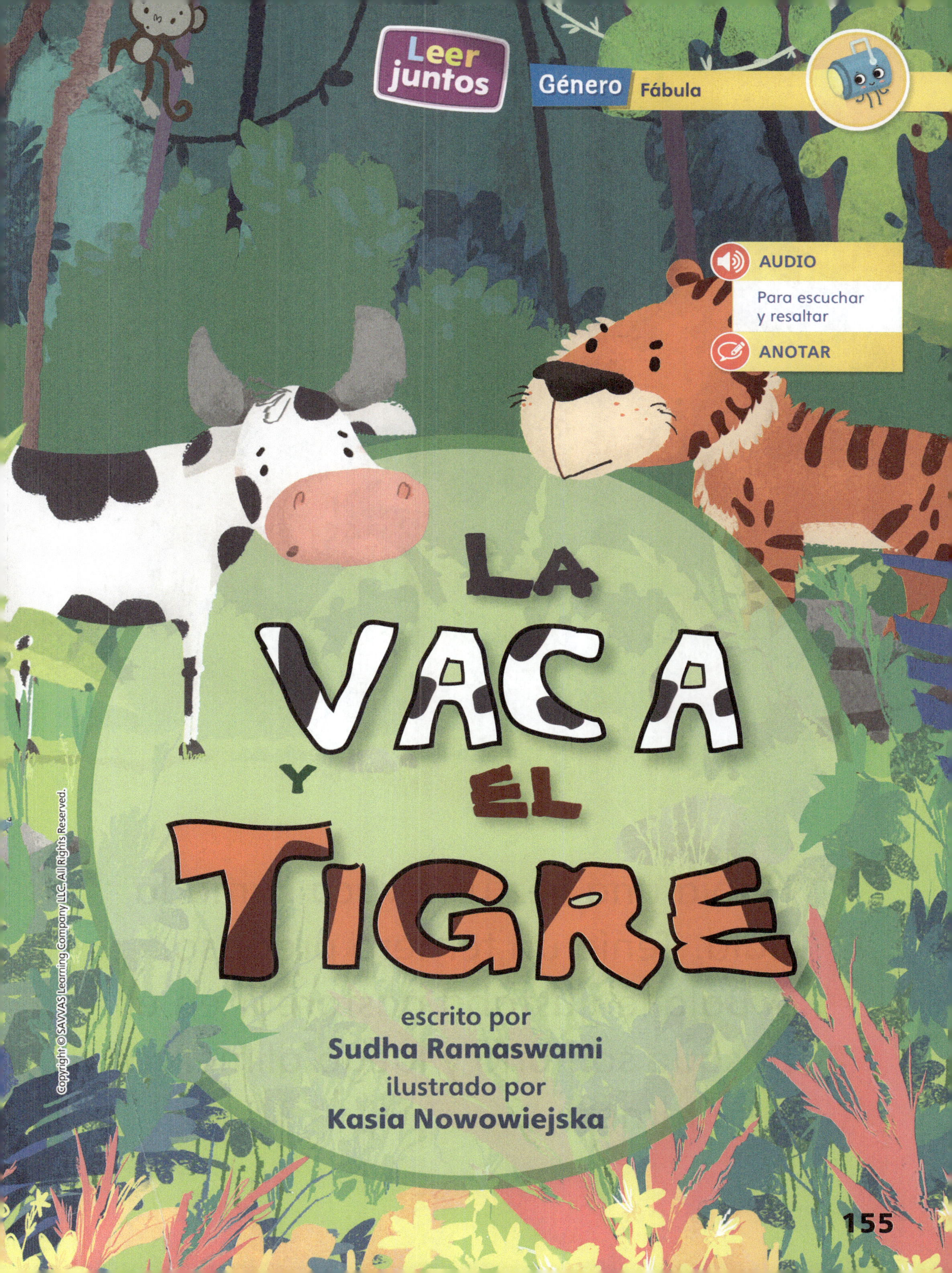

Leer juntos

Género Fábula

AUDIO
Para escuchar y resaltar

ANOTAR

LA VACA Y EL TIGRE

escrito por
Sudha Ramaswami
ilustrado por
Kasia Nowowiejska

Había una vez una vaca llamada Bala. Tenía un ternero precioso. A Bala le gustaba pastorear en el bosque sombrío y luego alimentar a su ternero.

Un día, Bala fue al bosque. Un tigre enojado la atrapó.

—¡Por favor, no me comas! Déjame ir a alimentar a mi ternero —gritó la triste Bala.

LECTURA ATENTA

¿Qué puedes visualizar sobre el bosque? Resalta los detalles que te ayudan a verlo.

—Lo prometo —dijo Bala—, prometo que volveré. Voy a volver pronto. ¡Entonces puedes atacarme!

El tigre estuvo de acuerdo. Bala volvió a su hogar cubierto de hierba. Rápidamente alimentó a su ternero. Luego, regresó al bosque y buscó al tigre.

LECTURA ATENTA

Subraya las palabras que describen el lugar donde vive Bala.

—Lo prometí, prometí que volvería —dijo Bala.

El tigre estaba sorprendido de verla. Estaba contento de que Bala hubiera cumplido su promesa.

—Lo prometiste, prometiste que volverías. Dijiste la verdad —dijo el tigre—. Ahora no te atacaré.

LECTURA ATENTA

Subraya por qué el tigre no ataca a Bala.

Bala estaba muy feliz. Regresó junto a su ternero.

El tigre ya no estaba enfadado. Y prometió proteger a Bala de los demás animales.

Moraleja: Cumple siempre tus promesas. Di siempre la verdad.

FLUIDEZ

Lee las páginas 160 y 161 en voz alta con un compañero para practicar la lectura a un ritmo apropiado.

Leer juntos

Desarrollar el vocabulario

MI TURNO Lee las claves. Luego, usa las palabras de este recuadro para completar el crucigrama.

feliz	triste	enojado	sorprendido

Horizontales		Verticales	
1		2	
4		3	

Verificar la comprensión

Mi TURNO Escribe la respuesta a cada pregunta. Puedes volver a leer el texto.

1. ¿Qué hace que este texto sea una fábula?

Alfinalhay moralej olección

2. ¿Por qué el autor usa la palabra **gritó**?

tiene mucha emoción

3. ¿De qué manera las acciones de los personajes expresan la moraleja, o lección? Usa evidencia del texto.

Balanomiente y dise laverdad

Leer juntos

Describir los sucesos principales y el ambiente

Los **sucesos, o acontecimientos, principales** son los eventos importantes de un cuento. El **ambiente** es cuándo y dónde ocurren los sucesos de un cuento.

Mi TURNO Describe el suceso principal cuando Bala regresa. Vuelve a leer el texto.

Mi TURNO Dibuja el hogar de Bala. Vuelve a leer el texto.

Visualizar los detalles

Los detalles de un cuento ayudan a los lectores a formarse imágenes en su mente sobre el ambiente y los sucesos.

Mi TURNO Dibuja cómo ves el bosque. Vuelve a leer el texto.

El bosque

Leer juntos

Reflexionar y comentar

Escribir basándose en las fuentes

Leíste una fábula con moraleja. ¿Qué otra fábula leíste? ¿En qué se parecen y en qué se diferencian las fábulas? En una hoja de papel, escribe para comparar y contrastar las fábulas.

Usar evidencia del texto

Cuando escribas comentarios sobre dos textos, es importante:

- Buscar ejemplos de ambos textos que apoyen tus ideas.
- Explicar cómo la evidencia del texto apoya tus ideas.

Pregunta de la semana

¿Cómo pueden los cuentos ayudarnos a conocer lugares nuevos?

Puedo formar y usar palabras para conectar la lectura y la escritura.

Mi meta de aprendizaje

Vocabulario académico

Las **partes de palabras** se pueden agregar a algunas palabras para formar palabras nuevas con nuevos significados.

La parte de palabra **des–** significa "**sin**".

La parte de palabra **–oso/a** significa "**lleno de**".

Mi TURNO Empareja cada palabra con su significado.

tramposo	**lleno de temor**
descuidado	**lleno de trampas**
temeroso	**sin cuidado**

Leer juntos

Leer como un escritor, escribir para un lector

Los autores usan palabras que ayudan a los lectores a visualizar cómo se sienten los personajes cuando hablan.

—¡Por favor, no me comas! —**gritó** la triste Bala.

La autora escogió esta palabra para ayudar a los lectores a visualizar cómo se siente Bala cuando habla.

INTERCAMBIAR ideas Comenta con un compañero qué visualizas cuando lees la palabra **gritó**.

Mi TURNO Escribe algunas palabras que describan cómo un personaje puede decir algo. Las palabras te deben ayudar a visualizar cómo se siente el personaje.

Escribir palabras con br y los plurales con -s, -es, -ces

Mi TURNO Agrupa y escribe las palabras.

Palabras de ortografía			
sobre	sillas	broma	minutos
azules	brisa	felices	brazo

br

-s

-es

-ces

Mis palabras	
tiempo	hombre

Leer juntos

Los pronombres yo, mí y me

Los **pronombres** son palabras que toman el lugar de los sustantivos. Los pronombres **yo**, **mí** y **me** toman el lugar de tu propio nombre.

Cora y **yo** nos fuimos. (pronombre sujeto)
Cora **me** habló. (pronombre objeto)
Ese regalo es para **mí**. (pronombre objeto)

Mi TURNO Corrige los pronombres **yo** y **mí** de estas oraciones. Tacha el pronombre incorrecto. Escribe el pronombre correcto.

1. Tú y ~~mí~~ vamos a la escuela. yo
2. Ese regalo es para mi. ______
3. Usted y mí entramos. ______

Puedo escribir poesía.

Mi meta de aprendizaje

Corregir los pronombres

Los autores usan los pronombres **yo**, **tú**, **usted**, **ustedes**, **él**, **ella**, **nosotros**, **nosotras**, **ellos** y **ellas** para que tomen el lugar del sujeto de la oración. Usamos el pronombre formal **usted** cuando nos dirigimos a personas mayores, para mostrar respeto. Usamos el pronombre familiar **tú** cuando hablamos con amigos o personas cercanas.

Mi TURNO Escribe el pronombre que puede reemplazar al sujeto subrayado.

1. La muñeca se rompió. Ella
2. Juan y Pedro corren rápido. ______
3. Max y yo nos divertimos. ______

Mi TURNO Corrige los pronombres de tu poema. Recuerda usar correctamente los pronombres **tú** y **usted**.

Leer juntos

Corregir la ortografía

Los autores corrigen la ortografía en sus escritos. Usan reglas y patrones de ortografía para comprobar que las palabras están bien escritas. También se aseguran de que los adjetivos concuerden en género y número con los sustantivos.

Me gusta **enpezar** a leer un libro **nuevas.**

empezar nuevo

Mi TURNO Corrige estas oraciones. Subraya la palabra que no está bien escrita y escríbela correctamente en la línea.

1. Ana lee un cuento de adas. hadas

2. Los pez son bonitos. ______

3. Las uvas son rojo. ______

Mi TURNO Corrige la ortografía en tu poema.

Corregir los adverbios de tiempo

Los autores usan **adverbios** para dar más información sobre los verbos y adjetivos. Los adverbios indican cómo, cuándo o dónde sucede algo.

Ella **siempre** mantuvo sus promesas. (indica cuándo)

Mi TURNO Usa un adverbio del recuadro para completar cada oración.

pronto	**después**	**siempre**

1. ¡Termina tu libro después!
2. Nosotros ______ leemos libros nuevos.
3. ¿Terminarás de leer ______?

Mi TURNO Corrige los adverbios de tu poema.

Leer juntos

Expresión creativa

Tipos de música

Clásica

Los músicos de una orquesta suelen tocar música clásica en conjunto.

trompeta

Blues

Los cantantes de blues expresan cómo se sienten en su música.

armónica

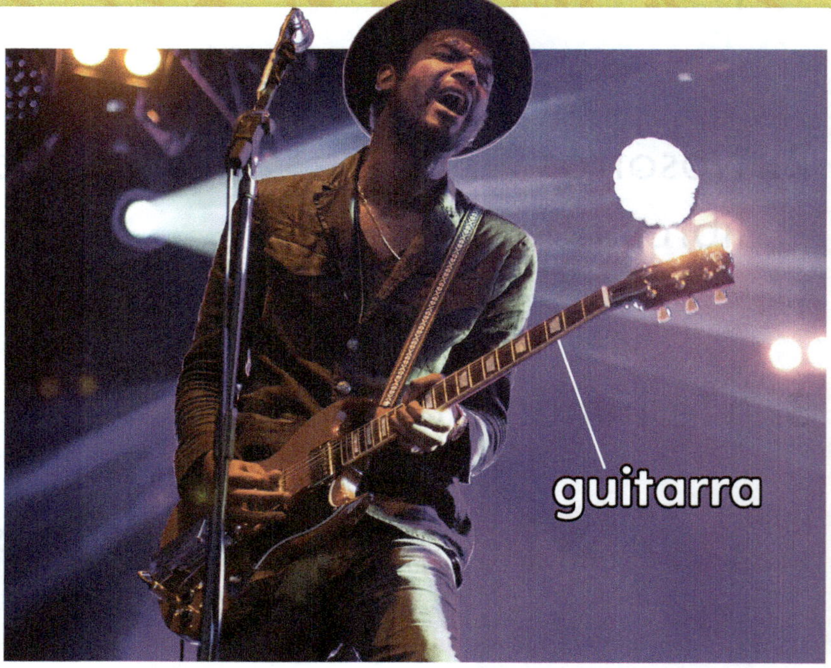

Pregunta de la semana

SEMANA 5

¿Por qué son importantes las clases de arte y de música?

Formas de arte

Pintura

Las pinturas impresionistas muestran la naturaleza y las personas con colores tenues y mucha luz.

Cerámica

Los objetos se hacen con arcilla y luego se secan con calor.

INTERCAMBIAR *ideas* Habla con un compañero sobre las formas de arte y música sobre las que te gustaría aprender más.

Leer juntos

Las sílabas que comienzan con x

VER y DECIR Nombra cada imagen. Separa cada palabra en sílabas. Luego, combina las sílabas para volver a formar cada palabra.

La consonante x

Algunas palabras tienen sílabas que comienzan con el sonido que escuchas en la segunda sílaba de la palabra **examen**. Ese sonido se escribe con la letra **x**.

Mi TURNO Lee estas palabras.

n e x o   t a x i

La consonante x

INTERCAMBIAR ideas Lee estas palabras con un compañero.

éxito	**examen**	**óxido**
máximo	**léxico**	**hexágono**

Mi TURNO Nombra cada imagen. Encierra en un círculo la palabra que tiene una sílaba con **x**.

Leer juntos

La consonante x

MI TURNO Escribe la sílaba con **x** para completar las palabras. Lee la oración.

Yo toco el sa____fón

con mucho é____to.

MI TURNO Escribe una oración sobre el saxofón.

La aliteración

VER y DECIR A veces algunos grupos de palabras comienzan con el mismo sonido. Nombra las imágenes. Di el sonido con el que comienzan.

Las consonantes k, w

Las sílabas que comienzan con la letra **k** tienen el sonido que escuchas al comienzo de **kimono**.

Las sílabas que comienzan con la letra **w** tienen el sonido que escuchas al comienzo de **web**.

Mi TURNO Lee estas palabras.

k i l o   k i w i

Leer juntos

Mis palabras

Hay palabras que debes recordar y practicar.

Mi TURNO Lee las palabras.

vez	ahora	color	tocar	pregunta

Mi TURNO Completa las oraciones con las palabras del recuadro. Lee las oraciones.

1. Karina quiere ir al ensayo. Va a tocar el saxofón.

2. Le ____________ a Wendy si la busca a su casa.

3. —No puedo —dice Wendy—. El ensayo es ____________ mismo.

4. Esta ____________, se sube a un taxi ____________ amarillo.

Las consonantes k, w

INTERCAMBIAR *ideas* Lee estas palabras con un compañero.

kayac	**kilo**	**kaki**
wapití	**kiwi**	**web**

Mi TURNO Escribe las sílabas que comienzan con **w** para completar las palabras.

1. Mi hermana se llama ____ dy.

2. Comemos ____ ki ____ después de la cena.

INTERCAMBIAR *ideas* Ahora lee las oraciones con un compañero.

Leer juntos

Las consonantes k, w

Mi TURNO Lee las oraciones. Subraya las palabras que tienen sílabas con **k** o **w**.

Wanda y Karen hacen un álbum de Japón.

Buscan fotos de Osaka en la web.

Wanda y Karen ven fotos de kimonos.

Ponen la foto más bonita en su álbum.

La consonante **k** tiene el mismo sonido de la **c** en las sílabas **ca**, **co**, **cu**.

Mi TURNO Escribe una oración nueva sobre Wanda y Karen.

En el salón de música

La banda de música está en el salón.

—¿Listos para tocar? —pregunta el maestro Max.

Roxana toma el xilófono.

Álex saca el saxofón.

AUDIO

Para escuchar y resaltar

ANOTAR

Resalta las palabras que contienen la consonante **x**.

Cha, cha, cha.

Walter mueve una maraca de color café.

—¡Se parece a un kiwi! —dice Mika.

Pom, pom.

Mika toca el tambor.

Subraya las palabras que contienen las consonantes **w** y **k**.

El maestro Max sube el brazo.
Esta vez Álex y Roxana
tocan juntos.
Ahora, ya son expertos.
¡La banda es todo un éxito!

Resalta las palabras que contienen la consonante **x.**

Leer juntos

Mi meta de aprendizaje Puedo leer sobre usar mi imaginación.

Texto persuasivo

Un texto persuasivo intenta que los lectores piensen o actúen de cierta manera. El autor da una opinión y la fundamenta con razones. Tiene palabras persuasivas, como **deberías**.

El fútbol es grandioso

Opinión — El fútbol es el mejor deporte.

Razones — Lo juegas en cualquier lugar. Solo necesitas una pelota. Es un gran ejercicio. Es divertido ser parte de un equipo.

INTERCAMBIAR *ideas* ¿En qué se diferencia un texto persuasivo de un cuento tradicional? Coméntalo con un compañero.

Cartel de referencia: Texto persuasivo
Opinión
lo que el autor quiere que el lector piense o haga
Razones
por qué el autor piensa o cree algo

Leer juntos

¡Aplausos para el arte y la música!

Primer vistazo al vocabulario

Vas a leer estas palabras en *¡Aplausos para el arte y la música!*

pensar	**aprendes**	**recordar**	**concentres**

Leer

Lee para comprender qué quiere el autor que pienses o hagas.
Busca las razones que da el autor.
Hazte preguntas para aclarar la información.
Comenta tu conexión personal con este texto.

Conoce al autor

Greg Leitich Smith escribe cuentos de aventura. Sus libros presentan mucho humor, ciencia, arte y música.

Leer juntos

Género Texto persuasivo

¡Aplausos para el arte y la música!

escrito por Greg Leitich Smith

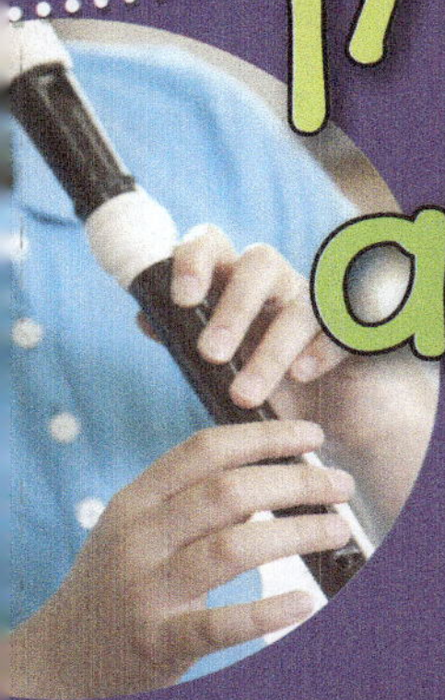

AUDIO
Para escuchar y resaltar

ANOTAR

En la escuela aprendes a leer y escribir. Aprendes a resolver problemas de matemáticas. La lectura, la escritura y las matemáticas son importantes.

Algunas personas no creen que el arte en la escuela sea importante, ¡pero yo sí!

Y les diré por qué.

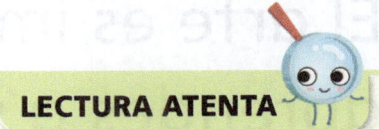

LECTURA ATENTA

Resalta las palabras que te indican qué sucede en la escuela.

El arte es importante porque aprendes a ser creativo. Tienes que usar tu imaginación.

El arte es importante porque te hace pensar. Descubres cómo hacer cosas sorprendentes.

LECTURA ATENTA

Subraya qué quiere el autor que piensen los lectores y por qué el autor piensa así.

Algunas personas no creen que la música en la escuela sea importante, ¡pero yo sí!

Y les diré por qué.

La música es importante porque hace que te concentres. Tienes que recordar muchas cosas.

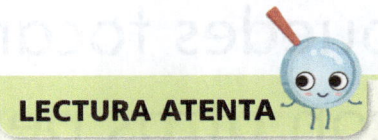

LECTURA ATENTA

Subraya qué quiere el autor que piensen los lectores y por qué el autor piensa así.

La música es importante porque puedes tocar instrumentos musicales con otras personas. Aprendes a trabajar en equipo.

Hay muchas razones por las que tener arte y música en la escuela es importante, pero esta es la mejor de todas: ¡son divertidos!

LECTURA ATENTA

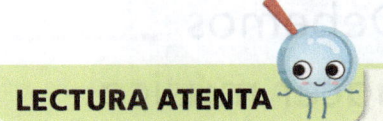

Subraya por qué el autor cree que el arte y la música en la escuela son importantes.

Leer juntos

Desarrollar el vocabulario

Mi TURNO Escribe la palabra del recuadro que completa mejor cada oración.

pensar	aprendes	recordar	concentres

1. Con el arte aprendes a ser creativo.

2. Para tocar música es necesario que te enfoques o concetres.

3. El arte nos hace Pensar y descubrir cosas.

4. Debemos recotdar cosas para hacer música.

INTERCAMBIAR ideas Usa las palabras en tus propias oraciones y luego léelas con un compañero.

Verificar la comprensión

Mi TURNO Escribe las respuestas a las preguntas. Puedes volver a leer el texto.

1. ¿Qué hace que este texto sea un texto persuasivo?

Dice el arte es importante

2. ¿Por qué el autor usa fotos?

Fotos reales enseñan lo que dice la [illegible]

3. ¿Crees que es importante tener arte y música en la escuela? Usa evidencia del texto.

Arte y música es divertido.

Leer juntos

Identificar textos persuasivos

Los autores de un **texto persuasivo** intentan persuadir a los lectores para que piensen o hagan algo. Usan razones para apoyar su opinión.

Mi TURNO ¿De qué está intentando persuadir el autor a los lectores en *¡Aplausos para el arte y la música!*? Vuelve a leer el texto.

INTERCAMBIAR ideas Comenta con un compañero las razones que da el autor para persuadir a los lectores.

Hacer conexiones

Los lectores hacen conexiones cuando lo que leen los hace pensar en otra cosa. Los lectores pueden conectar lo que leen con sus experiencias personales.

Mi TURNO ¿En qué cosas de tu vida te hace pensar este texto? Dibuja una conexión que puedas hacer. Vuelve a leer el texto.

Leer juntos

Reflexionar y comentar

En tus palabras

Vuelve a contar las razones que da el autor para persuadir a los lectores en *¡Aplausos para el arte y la música!* ¿Qué piensas acerca de las clases de arte y de música?

Volver a contar textos

Cuando vuelvas a contar un texto, es importante:

- Contar la información con tus propias palabras.
- Incluir ideas clave y detalles.
- Mantener el mismo significado del texto.

Pregunta de la semana

¿Por qué son importantes las clases de arte y de música?

Puedo formar y usar palabras para conectar la lectura y la escritura.

Mi meta de aprendizaje

Vocabulario académico

Mi TURNO Haz un dibujo para esta oración.

¡En mi imaginación puedo crear cosas que supuestamente son imposibles!

INTERCAMBIAR ideas Explica cómo se relaciona tu dibujo con la oración. Coméntalo con un compañero.

Leer juntos

Leer como un escritor, escribir para un lector

En un texto persuasivo, los autores usan palabras y frases persuasivas que convencen a los lectores de pensar o hacer algo.

Tienes que usar tu imaginación.

El autor usa esta frase para persuadir a los lectores de que usen su imaginación.

Mi TURNO Escribe una oración con una palabra persuasiva, tal como **deberías**, **debes** o **mejor**.

Escribir palabras con x, k y w

Mi TURNO Agrupa las palabras que tienen sílabas que comienzan con **x**. Agrupa las palabras que tienen sílabas que comienzan con **k**. Agrupa las palabras que tienen sílabas que comienzan con **w**.

x

exacto

examen

taxi

exito

k

Kiwi

Karate

Kimono

Mis palabras

w

Kiwi

wed

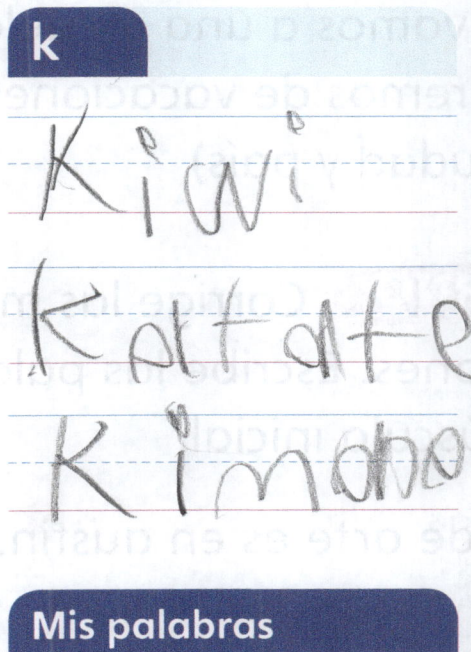

Palabras de ortografía
exacto
kiwi
examen
kárate
kimono
éxito
web
taxi
Mis palabras
vez
ahora

Leer juntos

El uso de las mayúsculas

Los **nombres propios** comienzan con mayúscula. Los nombres de **ciudades**, **estados** y **países** comienzan con mayúscula.

¿Tienes clase de arte con **María**? (nombre propio)
María y yo vamos a una escuela de **Texas**. (estado)
En verano iremos de vacaciones a **Monterrey**, **México**. (ciudad y país)

Mi TURNO Corrige las mayúsculas de estas oraciones. Escribe las palabras que deben ir con mayúscula inicial.

1. La feria de arte es en austin.

Austin

2. Tim y juana cantarán con luis.

3. ¿Vamos a tocar esta canción en houston o en laredo?

Puedo escribir poesía.

Mi meta de aprendizaje

Corregir los sustantivos y los artículos

Un **sustantivo** nombra una persona, un lugar o una cosa. Cuando está acompañado de un **artículo**, este concuerda en género y número con el sustantivo.

Sustantivo singular: el marcador
Sustantivo plural: los marcadores
Sustantivo común: la niña
Sustantivo propio: Berta

Mi TURNO Encierrra en un círculo el artículo correcto y corrige los sustantivos subrayados en cada oración.

1. Estos son (los/una) 5 lápiz. lápices

2. (La/El) hermana de max juega tenis. ______

3. Tengo (un/una) Perro grande. ______

Mi TURNO Corrige los sustantivos y los artículos de tu poema.

Corregir oraciones completas con concordancia entre sujeto y verbo

El sujeto y el verbo de una oración deben concordar. Conjuga los verbos para que guarden concordancia con el sujeto. Fíjate en cómo cada verbo en el párrafo siguiente concuerda con su sujeto.

Mi familia disfrut**a** mucho la música. Yo toc**o** la flauta. Mi hermano toc**a** el piano. Mis hermanas cant**an** muy bien. Todos nosotros bail**amos** en el festival de nuestro barrio cada verano.

Mi TURNO Corrige las oraciones completas encerrando en un círculo el verbo correcto que concuerda con el sujeto.

Los niños y las niñas (se preparan / se prepara) para la obra de teatro.

Ellos (pintan / pinta) los decorados.

Sam (hacen / hace) los disfraces.

Mi TURNO Corrige la concordancia entre sujeto y verbo en las oraciones completas de tu poema.

Publicar y celebrar

Mi TURNO Usa la lista para corregir como ayuda para tener tu poema listo para publicarlo, o compartirlo.

- [ ] Usé palabras que apelan a los cinco sentidos.
- [ ] Usé pausas y espacios en blanco.
- [ ] Usé imágenes literarias y palabras interesantes.
- [ ] Corregí la concordancia entre sujeto y verbo.

INTERCAMBIAR ideas Comparte tu poema con un compañero. Expresa las necesidades y sentimientos que tuviste durante la escritura.

TEMA DE LA UNIDAD

Imagínalo

INTERCAMBIAR *ideas*

Vuelve a leer cada texto. Busca una palabra o frase de cada texto que puedas relacionar con la palabra **imaginación**.

"Gina imagina" y "Caballito marrón"

SEMANA 3

CLUB del LIBRO

SEMANA 2

El mono tramposo

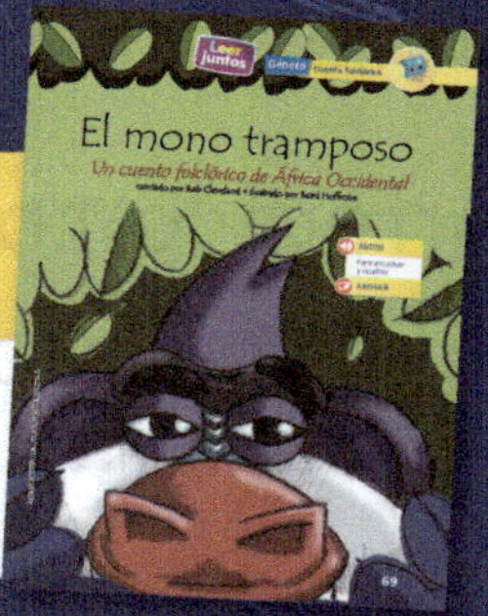

CLUB del LIBRO

SEMANA 1

La hormiga y el saltamontes

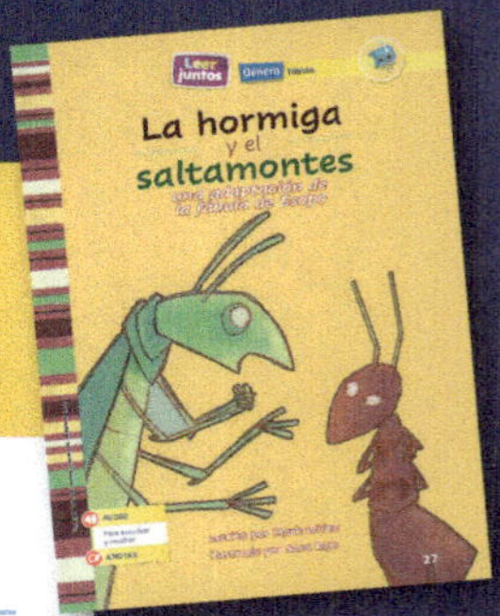

CLUB del LIBRO

SEMANA 4

La vaca y el tigre

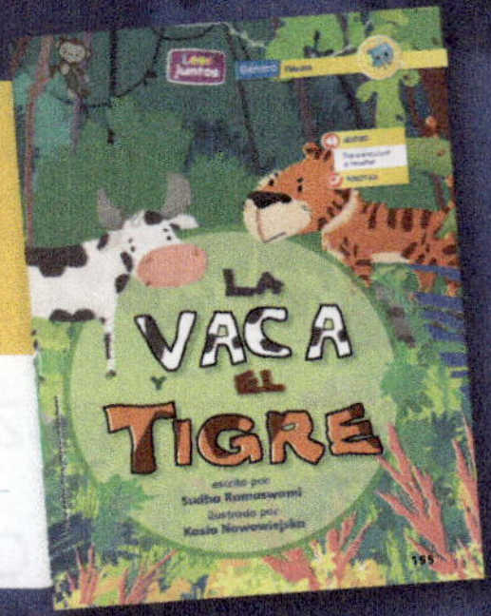

CLUB del LIBRO

SEMANA 5

¡Aplausos para el arte y la música!

CLUB del LIBRO

Pregunta esencial

Mi TURNO

¿De qué maneras podemos usar la imaginación?

Proyecto

SEMANA 6

Es hora de que apliques lo que aprendiste sobre la imaginación en tu **PROYECTO DE LA SEMANA 6: Más que un cuento.**

Leer juntos

Separar y combinar sílabas

VER y DECIR A veces escuchas dos sonidos juntos al comienzo de una sílaba. Nombra cada imagen. Luego, di cada sílaba por separado. Combina las sílabas para volver a formar cada palabra.

La combinación de consonantes pr

Las combinaciones de consonantes ocurren cuando una misma sílaba tiene dos consonantes seguidas como la **pr** en **prima**.

Mi TURNO Lee estas palabras.

p r a d o

p r i s a

La combinación de consonantes pr

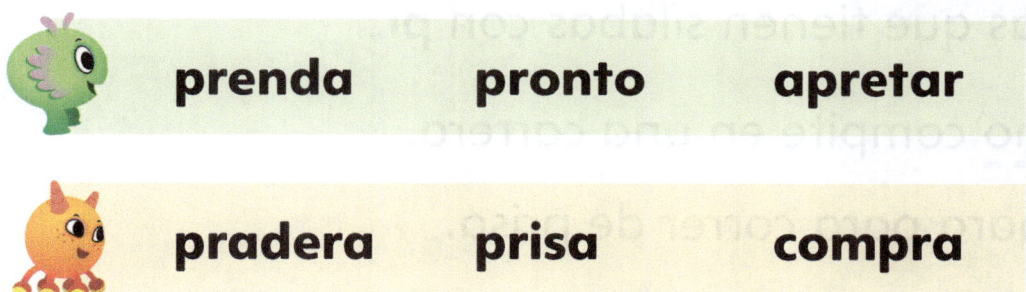

INTERCAMBIAR ideas Lee estas palabras con un compañero.

prenda	**pronto**	**apretar**
pradera	**prisa**	**compra**

Mi TURNO Nombra la imagen. Escribe la sílaba con **pr** para completar cada palabra.

pre mio

sor pre sa

pra dera

prin cesa

Leer juntos

La combinación de consonantes pr

Mi TURNO Lee las oraciones. Subraya las palabras que tienen sílabas con **pr**.

Mi primo compite en una carrera.

Se prepara para correr de prisa.

Llega de primero a la meta.

¡Gana un premio precioso!

Mi TURNO Escribe una oración que tenga una palabra con **pr**.

Escribir palabras con pr y diéresis

Los dos puntos que ves en la **ü** de las sílabas **güe**, **güi** se llaman diéresis. Esos puntos indican que debes pronunciar la **ü** como en **cigüeña**.

Mi TURNO Agrupa y escribe las palabras.

güe, güi	pr
pingüino	prados
agüita	primo
cigüeña	prisa
vergüenza	pronto

Mis palabras

Palabras de ortografía

- prados
- vergüenza
- agüita
- primo
- prisa
- cigüeña
- pingüino
- pronto

Mis palabras

- debajo
- afuera

Leer juntos

Las sílabas güe, güi

VER y DECIR Nombra las imágenes. Separa las palabras en sílabas. Escucha el sonido de la penúltima sílaba. ¿Qué tienen en común las dos palabras?

La diéresis

Algunas palabras tienen el sonido **güe** o **güi** que escuchas en las palabras **ungüento** o **agüita**. Ese sonido se escribe con las letras **güe** o **güi**.
Los dos puntos en la **ü**, o **diéresis**, indican que la debes pronunciar.

Mi TURNO Lee las palabras.

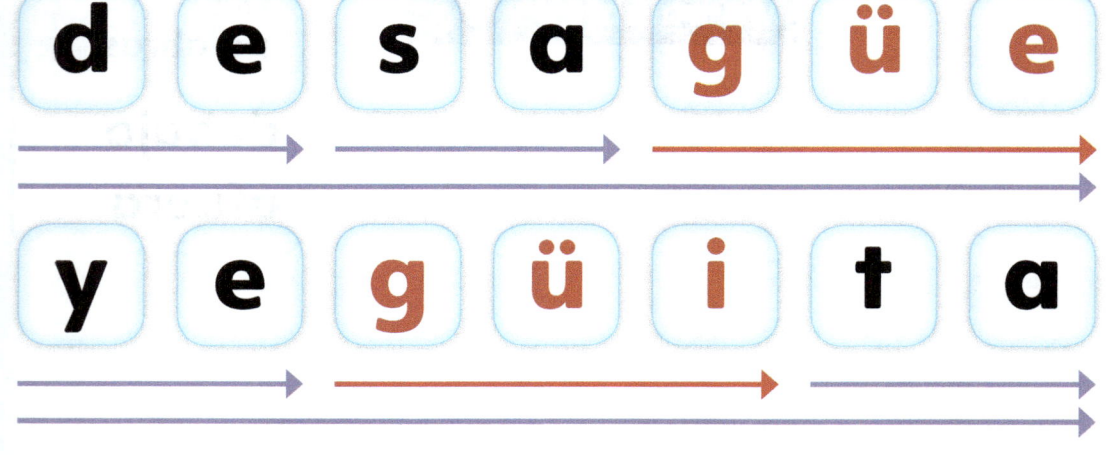

d	e	s	a	g	ü	e

y	e	g	ü	i	t	a

Mis palabras

Hay palabras que debes recordar y practicar.

Mi TURNO Lee las palabras.

poco	**debajo**	**juegan**	**afuera**	**primero**

Mi TURNO Completa las oraciones con las palabras del recuadro. Lee las oraciones.

1. Las primas juegan al escondite.

2. El ______________ que se esconde es Miguel.

3. Mario lo busca ______________ en el patio.

   También lo busca ______________ de la mesa.

4. Al ______________ rato, aparece Miguel.

Leer juntos

La diéresis

INTERCAMBIAR ideas Lee estas palabras con un compañero.

lengüeta **antigüedad** **desagüe**

agüita **pingüino** **piragüita**

Mi TURNO Lee estas oraciones. Subraya las palabras que tienen sílabas que comienzan con **güe**, **güi**.

Los pingüinos tienen sed.

Los pingüinos se acercan al lago a tomar agüita.

Las cigüeñas los ven desde arriba. Al pingüinito más pequeño le da vergüenza.

A las cigüeñas les parece divertido, le guiñan el ojo y siguen su vuelo.

La diéresis

MI TURNO Escribe una oración sobre el pingüinito. Luego, haz un dibujo.

Ana y Linda

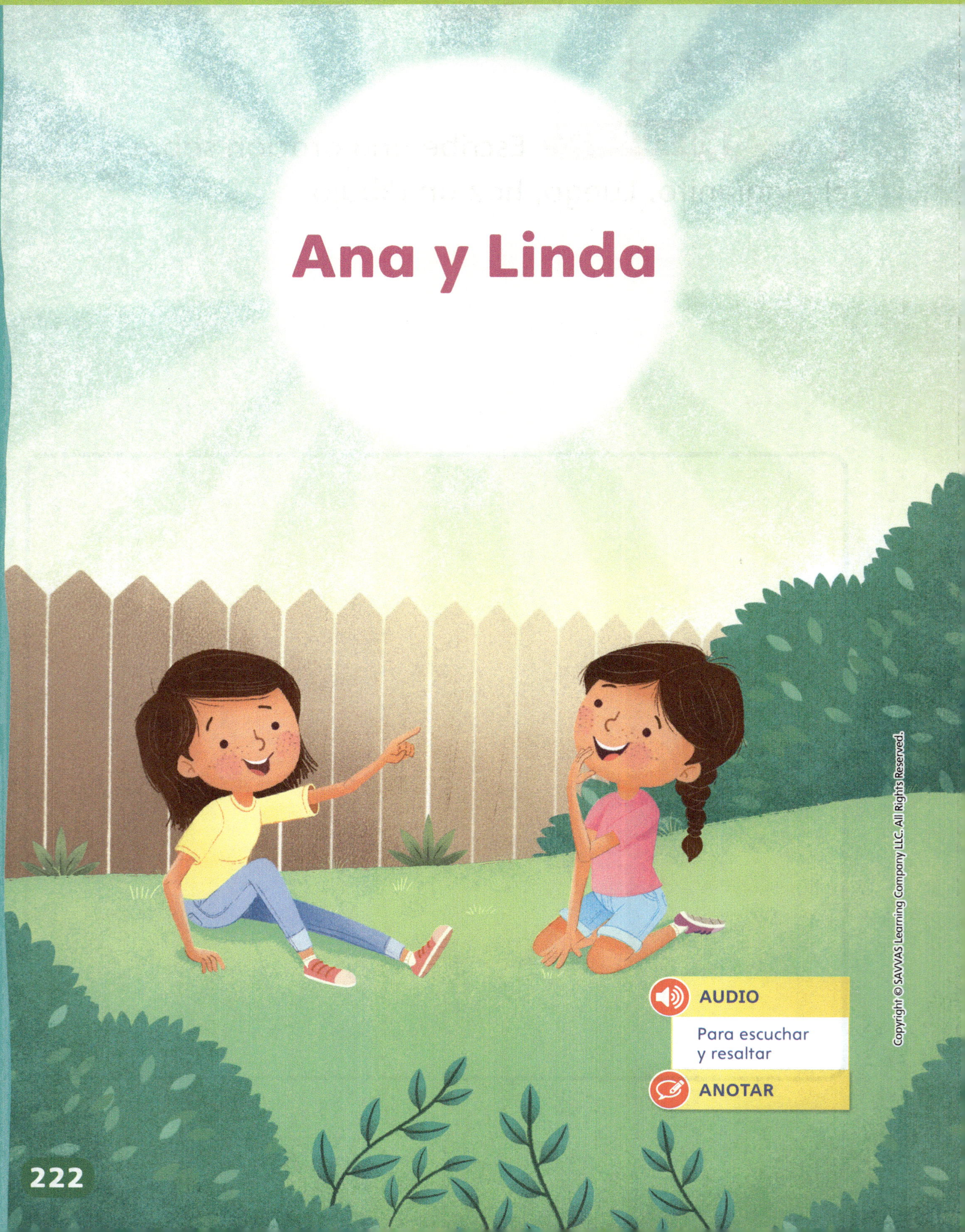

AUDIO

Para escuchar y resaltar

ANOTAR

Ana y Linda son primas.

Están un poco aburridas hoy. Salen afuera.

—¡Mira las flores de primavera! —dice Ana—. ¡Parecen princesas!

Resalta las palabras que contienen la combinación de consonantes **pr**.

Ahora le toca a Linda.

—¡Mira esa nube! ¡Parece una cigüeña!

—¡Y mira debajo de ella! —dice Ana—. ¡Un pingüino!

—¡Y una yegüita lo persigue! —dice Linda.

Subraya las palabras que contienen las sílabas **güe**, **güi**.

Las primas juegan un buen rato.

—Ven temprano mañana —dice Linda.

—Te lo prometo —dice Ana—. ¡Y mañana tú vas primero!

Resalta las palabras que contienen la combinación de consonantes **pr.**

Más que un cuento

Actividad

Escribe una opinión sobre por qué deberíamos leer cuentos tradicionales. Usa ejemplos para apoyar tus ideas. Incluye un dibujo.

INVESTIGACIÓN

¡Vamos a leer!

Esta semana vas a leer tres artículos que te ayudarán a escribir un texto de opinión.

1. Cuentos folclóricos
2. ¡Baila sin parar!
3. Usa la imaginación

COLABORAR Con un compañero, generen dos preguntas para su investigación sobre los cuentos folclóricos.

Usa el vocabulario académico

COLABORAR En esta unidad has aprendido muchas palabras nuevas de vocabulario académico. Habla con tu compañero sobre la imagen. Recuerda usar estas palabras en tu texto de opinión.

Plan de investigación: Cuento folclórico

Día 1 Genera preguntas para tu investigación.

Día 2 Realiza la investigación.

Día 3 Escribe un texto de opinión.

Día 4 Revisa y corrige tu texto.

Día 5 Presenta tu texto a la clase.

Leer juntos

¿Por qué debería pensar así?

A veces, algunos autores intentan persuadirte de pensar o hacer algo. Piensa en las razones que da el autor.

COLABORAR Lee "¡Baila sin parar!" con un compañero. Luego completa la tabla sobre el artículo.

¿Qué quiere el autor que pienses?	
¿Qué razones da el autor?	
¿Qué palabras persuasivas usa el autor?	

Mira y escucha

INVESTIGACIÓN

Los videos y las grabaciones pueden ayudarte a escuchar y mirar cuentos folclóricos. Mira o escucha atentamente. Toma notas para reunir información.

COLABORAR Escribe el nombre de un cuento folclórico que mirarás o escucharás con un compañero.

Escribe dos ideas de la grabación.

1.

2.

Leer juntos

Texto persuasivo

Un buen escritor expresa una opinión clara y usa palabras persuasivas para hacer que el lector piense o sienta de la misma manera.

Palabra persuasiva

Todos deberían leer cuentos folclóricos porque enseñan lecciones. Una lección de "Jack y las habichuelas mágicas" es no tomar las cosas que no son tuyas. Todos pueden seguir esa lección en su propia vida.

Opinión

¿Cuál es la lección?

INVESTIGACIÓN

COLABORAR Un cuento folclórico suele tener una moraleja, o lección. Los lectores pueden establecer una conexión personal con la moraleja. Escribe detalles sobre el cuento folclórico que escuchaste o miraste.

1.

2.

3.

COLABORAR Lee tus notas. Encierra en un círculo los detalles con los que más te conectaste. Comenta la moraleja del cuento folclórico con un compañero.

Leer juntos

¡Ilústralo!

Puedes incluir un dibujo para ayudar a los lectores a entender mejor el cuento folclórico del que estás escribiendo.

COLABORAR Escribe una oración que diga cuál es tu parte favorita del cuento folclórico.

Mi parte favorita es

COLABORAR Con un compañero, haz un dibujo para mostrar tu parte favorita del cuento folclórico.

Revisa

COLABORAR Lee tu texto persuasivo a un compañero.

¿Revisaste

tu opinión?	sí	no
tus razones?	sí	no
tus palabras persuasivas?	sí	no

¿Diste razones que persuadirán a los lectores?

Corrige

COLABORAR Vuelve a leer tu texto persuasivo.

Fíjate en

- [ ] la concordancia entre sujeto y verbo
- [ ] los sustantivos en singular y en plural
- [ ] los sustantivos comunes y propios

Leer juntos

Presenta

COLABORAR Hay muchas maneras de presentar o compartir los resultados. Asegúrate de usar una forma apropiada. Ahora elige una forma de presentar tu texto y dibujo.

- Lee tu texto en voz alta.
- Exhibe tu trabajo para que otros lo lean.
- Muestra un video de un cuento folclórico junto con tu escritura.

Reflexiona

Mi TURNO Completa las oraciones.

Algo que me gusta de mi dibujo es

____.

Algo que aprendí sobre los cuentos folclóricos es

____.

Reflexiona sobre tus metas

Fíjate en tus metas de la unidad.

Usa otro color para calificarte otra vez.

Mi TURNO Completa las oraciones.

Reflexiona sobre tus lecturas

El texto de esta unidad que leería de nuevo es

____.

Reflexiona sobre tu escritura

Algo que me gusta de escribir poesía es

____.

Cómo usar un glosario ilustrado

Un glosario ilustrado sirve para buscar palabras. Las palabras están agrupadas por temas. El tema de este glosario ilustrado es **acciones**. Mira las imágenes e intenta leer las palabras. Las imágenes te ayudarán a comprender el significado de las palabras.

Ejemplo:

Esta es la palabra que estás aprendiendo.

Esta es una imagen de la palabra.

correr

INTERCAMBIAR *ideas* Busca la palabra **halar** en el glosario ilustrado. Usa el dibujo para decir cuál es el significado de la palabra. Coméntalo con un compañero.

Acciones

esconderse

transportar

halar

hornear

trepar

cantar

comer

Leer juntos

Cómo usar un glosario

Un glosario sirve para buscar el significado de las palabras que no conoces. Las palabras de un glosario están en orden alfabético. Las palabras guía de la parte superior de cada página sirven para encontrar las palabras que buscas. Son la primera y la última palabra de la página.

La palabra está escrita en letra más oscura.

Cc

crear Cuando **creas** algo, lo inventas.

Todas las palabras que comienzan con la letra C estarán después de Cc.

Esta oración te ayudará a comprender el significado de la palabra.

Mi TURNO Busca la palabra **sorprendido** en el glosario. Haz un dibujo del significado de la palabra.

Aa

almacenar Si alguien **almacena** algo, lo guarda para usarlo después.

aprender Cuando **aprendes**, obtienes conocimiento.

atentamente **Atentamente** significa de manera atenta.

Cc

cabalgar **Cabalgar** es montar o pasear a caballo.

concentrarse Cuando alguien **se concentra** en algo, le presta mucha atención.

convertir **Convertir** significa transformar algo en otra cosa.

crear Cuando **creas** algo, lo inventas.

Ee

enojado Cuando alguien está **enojado**, no está contento.

exactamente **Exactamente** significa de manera exacta, o precisa.

Ff

feliz Si alguien está **feliz**, está contento o alegre.

Ii

imaginar Cuando **imaginas**, te formas una imagen o idea en tu mente.

Jj

jugar **Jugar** es hacer algo para divertirse.

juntar Cuando **juntas** cosas, las escoges y reúnes.

justamente **Justamente** significa de manera justa, o equitativa.

Leer juntos

Pp

pensar Cuando **piensas**, te formas ideas en la mente.

posible Algo es **posible** cuando se puede hacer.

preparar Si estás **preparado** para algo, estás listo para eso.

Rr

recordar Si **recuerdas** algo, piensas en eso de nuevo.

rogar Si **rogaste**, pediste algo que necesitabas o querías de una manera emotiva.

Ss

sorprendido Cuando estás **sorprendido**, tienes la sensación que sienten las personas cuando sucede algo inesperado.

suponer Cuando **supones**, piensas o crees que algo es verdadero o posible.

Tt

triste Una persona **triste** no está feliz.

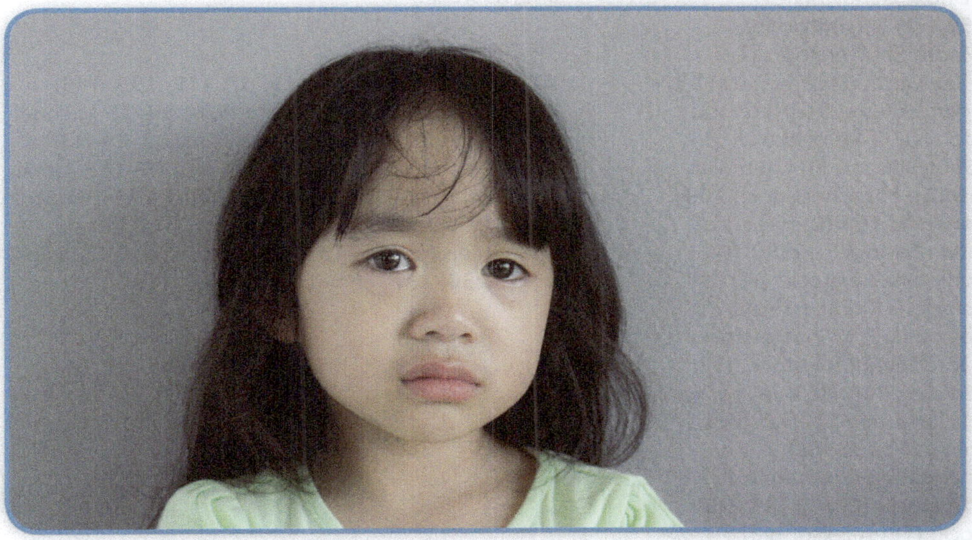

tristemente **Tristemente** significa de manera triste.

trotar Un caballo **trota** cuando va de prisa.

Texto

27: *La hormiga y el saltamontes* by Mark White. Excerpted from the work entitled: The Ant and the Grasshopper © 2012 by Capstone. All rights reserved. Capstone Publishers.
69: *El mono tramposo* by Rob Cleveland & Baird Hoffmire. Copyright 2006 by Rob Cleveland and Baird Hoffmire. Reprinted by permission of August House, Inc. and Marian Reiner on their behalf. August House Publishers, Inc.

Fotografías

Photo locators denoted as follows Top (T), Center (C), Bottom (B), Left (L), Right (R), Background (Bkgd)

5 Caiaimage/Robert Daly/OJO+/Getty Images; **6** (Bkgd) Jamesteohart/Shutterstock, (BL Holbox/ Shutterstock; **7** Caiaimage/Robert Daly/OJO+/Getty Images; **11** Photographee.eu/Shutterstock; **12** (Bkgd) Sdecoret/Shutterstock, (C) Shimon Bar/Shutterstock, (T) Foxaon1987/Shutterstock; **13** (B) Butterfly Hunter/ Shutterstock, (T) Cynthia Kidwell/Shutterstock; **14** (L) Zurijeta/Shutterstock, (R) Pim Leijen/Shutterstock; **15** (BCL) Dimarik16/123RF, (BL) Everything/Shutterstock, (CL) Jacek Fulawka/Shutterstock; **17** (TC) Ross Gordon Henry/Shutterstock, (TL) Maks Narodenko/ Shutterstock, (TR) Photofriday/Shutterstock; **20** (CL) Maks Narodenko/Shutterstock, (CR) Alex459/ Shutterstock, (TR) Photofriday/Shutterstock; **56** (C) Dimarik16/123RF, (L) Dhoxax/Shutterstock, (R) M.wolf/Shutterstock; **58** (CL) Steve Byland/ Shutterstock, (CR) Hurst Photo/Shutterstock, (TL) Joppo/Shutterstock, (TR) Paulvinten/Shutterstock; **59** (TC) 123RF, (TR) Thor Jorgen Udvang/Shutterstock; **62** (TC) Mlorenz/Shutterstock, (TL) Verochka L/ Shutterstock, (TR) Graja/Shutterstock; **68** Used with permission from August House Publishers, Inc.; **104** PhotographyByMK/Shutterstock; **106** (B) Historical/ Getty Images; **107** (L) Vadim Sadovski/123RF, (R) NASA; **108** (TC) Kaweestudio/Shutterstock, (TL) Wolkenengel565/Shutterstock, (TR) Eric Isselee/ Shutterstock; **110** (CL) Mikhail Rulkov/Shutterstock, (CR) Iimages/123RF, (TL) Iordani/Shutterstock, (TR) GUDKOV ANDREY/Shutterstock; **111** (TC) Galina Gutarin/Shutterstock, (TL) Horsemen/Shutterstock, (TR) Tania Zbrodko/Shutterstock; **138** (BL) Adisa/ Shutterstock, (BR) Wolkenengel565/Shutterstock, (CL) Gerald Bernard/Shutterstock, (CR) 123RF; **142** (TC) Motorolka/Shutterstock, (TL) Alleksander/ Shutterstock, (TR) Hong Vo/Shutterstock; **143** (BL) Hong Vo/Shutterstock, (BR) Nico Smit/123RF, (CL) Coprid/Shutterstock, (CR) Karkas/Shutterstock; **145** (TCL) Polryaz/Shutterstock, (TL) Standret/Shutterstock, (TR) Pim Leijen/Shutterstock; **176** (Bkgd) Galina Nikolaeva/123RF, (BL) Yevhen Holovash/123RF, (CL) Yang MingQi/123RF, (CR) Goddard on the Go/ Alamy Stock Photo, (TR) stokkete/123RF; **177** (Bkgd) Liliia Rudchenko/123RF, (BR) Tashka/123RF, (TCR) Number168/123RF, (TR) Evgeniy Zakharov/123RF; **178** (TC) Fotointeractiva/123RF, (TL) Rawpixel. com/Shutterstock, (TR) Takasu/Shutterstock; **179** (BC) LesPalenik/Shutterstock, (BL) Rawpixel.com/ Shutterstock, (BR) Pim Leijen/Shutterstock; **180** Fotointeractiva/123RF; **181** (TC) Boris15/Shutterstock, (TL) Lucian Coman/Shutterstock, (TR) Covenant/ Shutterstock; **191** (B) Caiaimage/Robert Daly/OJO+/ Getty Images, (TL) KPG_Payless/Shutterstock; **192** (C) Anderson Ross/Blend Images/Alamy Stock Photo, (T) JDC/Corbis/Getty Images; **193** Studio.G photography/ Shutterstock; **194** Asiseeit/E+/Getty Images; **195** Big Cheese Photo/Getty Images Plus/Getty Images; **196** Ian Allenden/123RF; **197** Damircudic/E+/Getty Images; **198** Hero Images Inc./Alamy Stock Photo; **199** (L) KidStock/Blend Images/Getty Images, (R) Jamie Grill/Tetra Images/Alamy Stock Photo; **214** (TC) Bryan Solomon/Shutterstock, (TL) Georgios Kollidas/ Shutterstock, (TR) Claudio Divizia/Shutterstock; **215** (BL) Ricardo Reitmeyer/Shutterstock, (BR) Tanik/ Shutterstock, (CL) Danny E Hooks/Shutterstock, (CR) Blueee/123RF; **218** (L) Elena Shchipkova/123RF, (R) Serg Rajab/Shutterstock; **226** Multipedia/Shutterstock; **229** Welburnstuart/Shutterstock; **239** JDC/Corbis/ Getty Images; **240** ESB Professional/Shutterstock; **241** Stefanolunardi/Shutterstock; **243** Toey Toey/ Shutterstock.

Ilustraciones

21–23 Hector Borlasca; **25, 67, 119, 153, 189, 232** Ken Bowser; **27–41** Sara Rojo; **54–55** Michael Slack; **63–65** Olga and Aleksey Ivanov; **69–93** Baird Hoffmire; **110** Peter Benson; **115–117** Jamie Tablason; **121-127** Roland Garrigue; **140-141** Scott Burroughs; **149–151** Dola Sun; **155–163** Kasia Nowowiejska; **185–187** Sarah Snow; **222–225** Jason Dove; **236–237** Jenny B. Harris.

NOTAS

NOTAS

NOTAS

NOTAS

NOTAS